想太多也沒關係

Je Pense Trop

如何紓解紛亂的思緒？不再對人生感到厭倦！

法國「國民心理師」
克莉司德・布提可南—著　楊蟄—譯

想太多的你❶總是能夠看到表面下的真相

你為什麼對每件事都這麼悲觀啊？
才不是，我發現他們整晚都沒看過對方一眼，也沒做出比較親密的舉動。

幾週後……
你知道嗎？那對夫妻竟然分居了！你真是烏鴉嘴耶。
唉～

你就算預言了真相，
卻因別人不相信你
而感到苦惱嗎？

▼當你遇到這種情況，解決辦法
請參考本書頁230－249。

想太多的你 ❷ 在人際關係上常常熱臉貼冷屁股

我們應該只會在沙灘上曬曬太陽，踏踏海浪而已。
星期天應該會很塞車耶，你們要不要找別天去啊？

妳真的很煩，是不是不想我和保羅一起去海邊？
沒有啊，我只是擔心你們@$#〈%&%*！

▶ 當你遇到這種情況，解決辦法請參考本書頁 230－249。

【總編輯導讀】

想法太多的腦袋，「為什麼」會這樣呢？

一定有人會想：「有人會因為自己太聰明，受盡折磨或變得不幸嗎？」事實上，這的確是「想太多」的人常有的情況；只是他們一開始並不承認自己比別人聰明，反而只說自己的心沒有喘息的機會，就連到了夜深人靜時，腦袋裡依然充斥著數不盡的想法。這些人對非常細微的小事也會感到疑心、疑慮，甚至敏感，因而對人生感到厭倦。

想法太多的人精神層面過於活潑，觀察力與感官系統都非常敏銳、易感。也因為這樣，遇到難過的事，馬上就會淚流滿面；遇到壓力大的狀況，就容易逃避；面對不公不義的事情，會為他人挺身而出。當受到他人批評、欺騙或利用時，會變得非常脆弱。也因為善解人意，無法拒絕他人的請求。

這些人的想法很多、非常敏感；另一個原因可以說是右腦比左腦更具有支配性的影響力——屬於右腦思考者。使得他們產生和左腦思考者不同的思維模式和行為反應，總是擁有豐沛的情感和飽滿的情緒。這是因為右腦掌控情緒、直覺、本能等部分，讓人傾向使用五官的感覺來接收訊息。這些人的想法就像樹枝一樣發散開來，透過驚人的觸發聯想能力，腦筋轉得飛快。作者也賦予他們一個美麗的名字「大腦多向思考者」。

想太多的人VS一般人「哪裡」不一樣呢？

想太多的人與一般人哪裡不一樣呢？與一般人一同相處、生活，有什麼不同的意義嗎？對於想太多的人而言，他們該如何分辨哪些人對自己有益？哪些人對自己有害呢？

在日常生活當中，他們從小就覺得自己跟別人不一樣，也不斷思考如何能得到大家的認同，但是自己獨特的看法導致和他人互動時一直受到挫折。用右腦思考的他們往往缺乏自我，容易產生自卑感，在他人面前捨棄「真我」，用「假我」的身分來適應社會。

這些想太多的人由於大腦比他人更活躍，常常評論自己的想法、分析別人的對話字句與行為。因此，讓自己處於「他人無法理解自己，導致自己非常孤獨」的處境。也就是因為這樣，他們才常常聽到身邊的人說：「你的擔心都是沒有根據」、「你在意太多事情了」、「你總是對於一點都不重要的話太過敏感」等話語，讓他們認為自己無法適應現實社會而感到身心俱疲。

總是想太多的人的「生存之道」

這些精神層面較活潑的人，擁有非常敏感的感官神經、波濤洶湧的想法、低自尊、不擅長接受批判、隨時隨地都可能會出現的憂鬱症狀，這種痛苦和挫折其實都是因為他們為了變成和一般人一樣「客觀、理性、冷靜」，放棄自己原本的面貌才出現的。作者建議這些人接受原本的自我面貌，並提出了適合他們的解決方法。

・你因為波濤洶湧的情緒風暴而感到疲倦嗎？

你天生具有高敏度的感官，讓你神經系統感受到超乎常人數倍的刺激感，你的「超級大腦」是在無意識的情況下自然地運作，所以進行各層面的思考時，往往會有你的情緒慣性。不過，你依然能擁有多采多姿的日子。作者認為體驗幸福快樂的生活方式，即是大量開發你發散式的思維模式，找到適合你自己的能量情緒去整合自己的思緒。

・你因為他人不理解你而感到痛苦嗎？

精神層面過於活潑的人就像是混在鴨群中的天鵝。站在鴨群當中，天鵝總是自責：「為什麼我的脖子這麼長？我的翅膀這麼大？」這樣的人學會將自己隱藏起來，與別人相處時，盡可能保持沉默或武裝自己，避免受到批評或嘲笑。當他們發現自己可能無法成為鴨子時，可能陷入憂鬱，因為他們的幸福是看到所愛的人理解自己，喜歡原本的自己。

・你可以用與他人不同的樣貌好好活下去嗎？

你天生就擁有與他人不同的感覺、知覺與大腦，24小時不停轉動的發燙大腦就像是「有毒的禮物」；但如果能夠真心理解並接受自己的「特別之處」，好好活用這世界上獨一無二的能力，就可以活得快樂無憂。

你由於想法太多，可能活得較累、較痛苦，但作者在書中所提到，透過捨棄完美主義、享受自己的成就、提升自我形象、撫慰內在小孩、開除內心的暴君、讓大腦更有效率……等方法建立自信心，好好重新認識這樣特別的自己，就能過著幸福的日子。

大樹林出版社總編輯　彭文富

Lesson II 所有人可分為兩類：想太多的人vs一般人

前言：給獨一無二的你們

卡蜜是一個二〇多歲的大學生，她來到我的辦公室尋求諮詢，是因為她覺得自己「缺乏自信心」。當她在訴說自身的問題時，整個人的情緒排山倒海而來，有時緊咬雙脣，有時把她的拳頭輕放在嘴上，同時淚水不停地在眼眶中打轉。當她反覆不停地訴說著自己的困擾時，不時為她自己過於敏感這件事感到抱歉。從她紛亂的敘述中，我漸漸了解了卡蜜。她是一個既聰明又富有創意的女孩，在人生的路途上沒有太大的失常。她每年都通過大學的學期測試，順利晉級，連自己都感到吃驚。然而，這一切的順遂，沒有讓她更清楚自己的方向。隨著時間的流逝，她愈來愈對自己的存在感到疑惑。當卡蜜的每個同學都看似一步一步往設定的人生目標邁進時，她卻覺得自己茫然失落，不知道自己人生目標是什麼，自己的定位在哪裡，在社會中要往何處前進？她漸漸感受到自己像是戴上一個面具，木然遊走人群之中。

在日常社交中，她也覺得自己與其他人不同，像是個圈外人。對於同儕們所關注的嗜好、談話的主題，一點興趣也沒有。當她參加朋友的聚會派對時，在某一瞬間，她的心中會油然而生一股格格不入、無法融入大家的感覺。

她會突然充滿疑惑的問自己——為什麼我會參加這聚會？我正在做什麼？同時，她也懷疑其他人為什麼好像可以愉悅地享受這場派對，而她卻不行。對她而言，宴會上的所有歡樂喧鬧是多麼虛假空泛。當下，她只有一個念頭，就是趕緊離開這個人聲鼎沸之地，回到自己的家。

一直以來，卡蜜一直試圖理解自己發生了什麼事情？自己出了什麼問題？不時充滿著疑慮，還有瘋狂的想法。她不明白自己到底怎麼了？她一直試圖尋找出口，但終究只在痛苦和絕望中度過。因此，她憂鬱症的症狀也愈來愈明顯了。

卡蜜並不是單一個案。即使年齡、環境的差異，許多人仍如卡蜜一般，有著孤獨、圈外人的感受。這些人與現存的生活環境格格不入，便會產生自我貶抑的感覺；再加上他們的大腦如同跑馬燈般不停思考轉動，更讓他們無法喘息。因此，這些對自己有疑惑的人們來到我的諮詢中心，向我求救。

十七年來，我傾聽、我觀察、我試著了解每個人的問題。如同我其他作品，這本書是集結多年來的專業諮詢案例，經年累月的傾聽與分享，透過艾立克・伯恩（Eric Berne）所創立的「聆聽火星人」心理診療法，試著幫助我的諮詢對象，將這些對話做分析，成為我的研究成果。這些「圈外人」的耳朵如同一臺特別的錄音機，具有與眾不同的聆聽方式。不同於一般人，在對話中，他們會記錄下某些特定單詞或單句，但是對於對話中的重點或關鍵字，他們會自動隔離、充耳不聞。

在訪談的過程中，我整理這類諮詢者常使用的句子如下：

我想太多了

我的朋友們常說我是個複雜的人，還說我想太多問題了。

我的腦子轉不停，一刻也不能休息。有時候，我真的很想拔掉我腦袋上的插頭，不要再有任何念頭進入我的腦中。

我常覺得自己是來自外星球的人，大家都無法了解我。

在這社會上，我找不到立足之地。

我覺得自己像謎一樣，無法了解自己。

我的諮詢對象會重覆出現以上的語句。因此，我漸漸拼湊出這類諮詢者的樣貌——「他們想太多了」。多年以來，這樣的諮詢者身上背負「想太多」的痛苦。隨著諮詢案例的增加，我慢慢地找出協助他們的方式。在撰寫此書時，我整合個案的對話內容，以便能夠舉例說明。在從事諮詢的療程中，我提出很多問題，希望了解這些人的心理、心智及思考的方式。同時，也想知道他們的價值觀與行為動機。值得鼓勵的是，「想太多」這類型的人都有一個「樂於分享」的價值觀。正因為如此，他們樂此不疲地說出他們的想法。本書的完成，真的要歸功於他們無私的分享，我由衷地感謝他們對此書案例的貢獻。

有誰會認為具有聰明才智的人，自身優點反而讓他受盡折磨呢？這的確是「想太多」這類型人常有的抱怨。首先要說，他們自己不認為是個「聰明」的人。其次，由於這群人的心理與心智狀態紛雜，即使夜深人靜時，他們的腦袋也沒有片刻休息的機會。這類型的人，厭倦自己不停產生疑惑。另外，他們還擁有敏感易觸的神經，不放過周遭人、事、物的每個細節，一律接收到大腦中。「想太多」的人實在很想拔掉他腦袋上的插頭，暫停思考。也由於與生俱來的敏感神經，他們容易受到「一般人」的誤解和傷害。最後，他們自己得出一個結論：「我是來自於外太空的人類！」

永無止盡的思緒，伴隨這類型人的日常生活；紛雜的想法，擾亂他們的心智狀態。一個接著一個突如其來的念頭，讓他們頭腦無法喘息。這些人大腦動得快、想法又多。有時他們會因為腦筋轉動的速度快於口語發言的速度而發生口吃的情況。或者有的人會因為大量的資訊進入腦中，無法立即處理而表現得手足無措，只好選擇沉默應對。對於這群人來說，話語的陳述只是表達簡約扼要的概念，無法確切地說明他們複雜、細膩的思想。因此他們常遇到這種疑惑——如何將自己細膩的想法，轉換成精確的文字表述？這群人會持續不斷地追問自己許多問題，因長期處在焦慮的狀態下，對自己產生懷疑，造成自我信仰體系如流沙般的不穩定。他們常說：「為什麼別人沒有覺察到某些事物的存在？對我來說，這些事物的存在都是顯而易見的。難道我的理解力異於常人嗎？還是我的認知有錯？」

這群人的纖細靈敏感官及高低起伏情緒是與他們的智力成正比。「想太多」的他們容易情緒波動，常被形容成不定時炸彈，真的不為過。一丁點小事不順心，也會讓他們勃然大怒或陷入挫折的低潮裡，而且還經常將自己淹沒在悲傷的情緒中。隨後，他們會大聲地說：「這個世界缺乏愛！」

這些「大腦多向思考者」（surefficient mentale）的人格特質是遊走在理想主義與極端絕對之間。有的人可能有自閉症的傾向，或選擇離群索居過日子；有的人會變成極端反動者。這也說明他們會不斷地在完美夢想與現實殘酷中徘徊，在天真爛漫與頹然絕望間徬徨。一般來說，當發生問題後，「大腦多向思考者」會奮力尋求協助。他們總覺得身邊一定會出現良善的人事物，幫助他們解決問題。此外，「大腦多向思考者」一生都處於困惑當中，親友伴侶的鼓勵，對他們極為重要！話說回來，你要他們接受這不完美的世界？「大腦多向思考者」會說：「我沒辦法做到！」那你要他們如何面對這「永恆的困惑」呢？

若要他們接受心理諮詢，這也是一大障礙。他們會害怕被看作「精神患者」而裹足不前，無法求助心理諮詢師。另外，「大腦多向思考者」認為那些所謂「正常思考」的人，如何能瞭解「蜘蛛網般，錯綜複雜思考方式」的人呢？有些心理諮詢的分析，常會由於「大腦多向思考者」繁複發散的思考模式，將其診斷結論變得更加零散，歸類這群人為「不正常」、「病態的」的說法。在求學的過程中，「大腦多向思考者」通常會被視為「問題學生」。因為他們的大腦非常活躍（多面向思考），常造成上課時無法專心或出現過動的情況。然而，事實上他們習慣「一心多用」的思考方式，覺得課堂上的單向教學過於呆板無聊。我們或許認為他們超速思考的方式會如蜻蜓點水般，過目即忘。其實不然，他們擁有能力，能在同時間內深入學習多項任務。正因如此，「大腦多向思考者」在求學的過程中，常被認為有所謂的「障礙」，舉例而言，如閱讀障礙、拼寫障礙、算數障礙或圖像障礙等等。[1]

1 若想進一步瞭解相關資訊，請參閱瑪莉芳斯．尼芙(Marie Françoise Neveu)的著作《我孩子是自閉症？過動兒？閱讀障礙？還是有其他的問題呢？》(Enfants autistes, hyperactifs, dyslexiques, dys… Et s'il s'agissait d'autre chose ?)」2010年，Exergues 社出版。

當「大腦多向思考者」成年後，有的人會尋求協助，但可能被診斷為邊緣人格者、精神分裂症、狂躁者、抑鬱者，或是狂躁加抑鬱者。他們滿心期待在諮詢的過程中，能獲得幫助找到出口。然而，他們得到的答案，竟會更加無法了解自己或被貼上「××障礙者」的標籤。他們期待社會上「一般人」可以接受他們原本的樣貌。他們實在想知道自己發生了什麼事情？但是人們給他的答案竟是「你是××障礙者」或者「你就是跟我們不一樣」他們完全無法獲得協助。

大眾對於「大腦多向思考者」的資訊極少，甚至還沒有一個完整的學術名稱來定義這群人。我們可以稱他們是「天才」或「高智商潛能者」。然而這些名稱都已被社會大眾濫用，隱含自命不凡的意義。因此，以上兩個名詞又與「大腦多向思考者」的人格特質，正好相悖。這類型的人比較適合使用「大腦多向思考者」（surefficient mentale）這個名稱來說明。它代表的是這群人透過他們敏感的五官，觀察周遭的環境，擷取大量又細瑣的資訊進入腦中，使得大腦不停地運轉。其大腦運作具有超高的效率且富含多面向的思考，造成當事人的心理情緒，容易起伏動盪。我們也可以稱呼這群人為「右腦主導行為者」，因為他們不認為自己是「天才」或「高智商潛能者」，但願意承認自己是個「有獨特智慧」的人。我常聽到我的諮詢者說：「沒錯，你說的對。我覺得我跟大家想的都不一樣。」我要說明的是，要找到一個精確的名稱來定義這群人，事實上是有困難的。因為他們每個人身上的「問題」樣貌都不盡相同。

也因此，不可能用單一的詞彙來完全涵蓋這類型的人。那麼，我們又要如何稱呼他們呢？《資優兒童》一書的作者珍妮西歐・方薰（Jeanne Siaud Facchin），她建議不要再叫這些資優兒童為「天才」，應稱呼他們為「斑馬」。我認為「斑馬」這個名稱還不錯。因為斑馬不是隻「標準」的動物，而是隻個性頑強、富有獨特性的動物。斑馬生活在大草原上，本身的毛色會融入自然景觀中，讓人無法察覺。可是若將斑馬以上的特點與其他動物相比，就會覺得斑馬不是那麼具有特色。因為牠不如狗的忠誠、貼心及奉獻；斑馬也不像貓，缺少貓的小心謹慎與敏銳的感官；若與駱駝相比的話，牠缺乏長久的耐力；若與倉鼠相比的話，還不如倉鼠在轉輪上跑得快！[2]

「保護高度腦力開發造成困擾者協會」（GAPPESM：Groupement Associatif de Protection des Personnes Encombrées de Surefficience Mentale）稱呼這群人是「腦力過度開發的困擾者（PESM）」。該名稱合宜地描述出這群人的心理狀況，

2「天才」一詞，只就兒童的邏輯智力作判斷，但是「人」的本身有許多特質，例如良好的人際溝通關係、藝術、音樂等天分。每個人擅長的優勢皆不同。

道出他們的困擾。然而，我認為並非所有這類型的人都會因過度使用腦力，造成生活上的不便。即使「腦力過度開發的困擾者」一詞，很貼近這群人的樣貌，但不具有正面的意義。同時，我也不認為大腦多面向思考者，都會造成自己或別人的困擾。所以，我還是不採用該專有名詞。

另外，我也同意稱呼這群人為「天才」，因為這單詞比較客觀而且也貼近事實。可是如果我對這群人說：「你們是天賦異稟的人。」我想正在閱讀此書的大部分讀者會馬上產生「排斥感」，放下這本書。[3]

同時，有異議的人也會對我說：「如果這些人都是這樣的天才，他們理應能夠適應社會。」其實，「天才」這一名詞，在現今的社會已被過度濫用。因為天資過人、驕傲自滿、班上永遠第一名……這些我們口中的「天才」與這些人的本質，簡直是南轅北轍！

一開始，當我興奮地發現這群「大腦多向思考者」的存在時，我直覺地稱呼他們是「天

3 根據此書，85－70％的人都是受左腦主宰思考及其行為，而有30－15％的人，他們的行為則是受到右腦主宰即為作者所稱的「大腦多向思考者」。當社會上大部分的人都為左腦思考者，又能如何相信右腦主宰的人是「天賦異秉」？

才」。但我忽略了一個事實——這群人擁有敏銳的觀察力。由於我之前可能過於直白，嚇跑了我過去的一些諮詢者。今日，藉著本書的出版，我需要跟他們致歉，請原諒我的輕忽大意，忘了他們的特質。本書將會提出對「大腦多向思考者」的多種建議及協助方式，並解釋不同型態的神經系統及這群右腦主宰者的相關特質。以下的內容，我將以另一種觀察角度來描述「大腦多向思考者」，相信足以觸動人心。雖然主觀地知道他們與我們（一般人）不同，但就這群人來說，希望他們盡可能客觀地面對這一個事實。

我花了很長的時間，想要找出一個最合適的名詞來稱呼這群人。同時我也不忘與同業們討論最得宜的詞彙。例如，我們也可以用 ADSL 網絡或高速寬頻的觀念來描述這群人的大腦思考模式。或者，也可以用蜘蛛網狀似的思考路徑（spidermind）方式來描述他們大腦運轉的情況。最後，我總覺得「大腦多向思考者」仍是最適合不過。在我看來，其他的專有詞彙，並不能完全說明這群人的特徵。總之，我想要表達的是：撰寫此書的目的，不是替任何人貼上標籤，而是藉著此書，可以幫助你更了解自己，接受你原本的樣貌。尤其在你那沸騰滾燙的思緒中，可以繼續保有寧靜的生活。

就是因為你想得太多，自己很快意識到如上所言，有「大腦多向思考者」的多項特質。你的大腦，不時充滿太多的念頭。「你真的想得很多」，這對你而言，的確是彌足珍貴的優點。因為，你大腦的細緻性、複雜性及運作的速度都令人驚奇。你大腦內強大的能量，如一級方程式賽車的引擎！記得是一級方程式賽車，不是一輛普通汽車！試著想看看，這輛精緻的賽車若沒有小心駕駛或好好閱讀使用說明書，可想而知，會造成什麼後果？你在路上行駛起來是多麼危險和脆弱。到目前為止，都是你的大腦主導行為模式，讓你從一個低潮陷入另一個低潮。從今日開始，你將拿回主控權，你的大腦擁有最好的潛能。你只需好好掌握方向盤，適時測量你的電路，管理你的大腦。

本書分成三大部分來說明「大腦多向思考者」的思考特徵及協助建議：

- **為甚麼你總是想太多的原因**；
- **想太多的人VS一般人不同之處**；
- **總是想太多的人的「生存之道」**。

「大腦多向思考者」喜歡透過對話討論的方式來汲取知識。這個學習方法會讓他們能夠快速吸收該書的內容。進一步而言，當「大腦多向思考者」學習某項主題時，通常不會從頭到尾念完該本書，他們會選擇重點，以瀏覽的方式閱讀。因此，我想提醒大家：

如果你直接跳讀至本書的最後一部分[4]，將會錯過書中最重要的章節。如此一來，你便無法客觀地了解到我提出的建議方案。誠心建議你按部就班，耐心閱讀。本書共分三大部分，這是我刻意設計的閱讀順序。首先，了解你的靈敏的五官與神經；再者，平心靜氣地觀察你沸騰燃燒的思想；最後，你會發現自己擁有與眾不同的智慧。

「理想主義」是「大腦多向思考者」的主要特質。但生活在群體的環境中，與人交往可能會顯現你的另一面「虛假的自我」。面對同儕伙伴時，你會發現自己的差異而產生疑問。本書便是協助你了解個人本質的一體兩面。在人際關係中，當面對自己或人群時，你要如何因應面對。請記得：一旦你開始全面探索自己時，本書提出的解決方案都將是有意義的。

當你閱讀到此段文字時，我相信已達到撰寫本書的目的了。因為你已經開始學習與自己和解：嘗試了解你充滿神祕智慧的大腦。本書的目的是幫助你學會駕馭自己。經由了解大腦的機制（神經系統），懂得閱讀你的情緒及人際關係的訊號（如同了解行車的交通規

4 總是想太多的人的「生存之道」

則），並且學習駕駛課程（了解心智運作）。透過以上的方式，讓你學習掌控自己、表現自我。

如果你想太多，將會在本書中找到所有必要的資訊。當然也包括完整的建議！

本書中，我將引註參考過的所有書目及啟發我靈感的作品。因為數量過多，無法一一列舉於每頁的註腳。因此，我將引用過的書籍，列於本書的最後部分「參考書目」。結束本引言之前，我要特別感謝 Jill Bolte Taylor、Daniel Tammet、Tony Attwood 及 Béatrice Millêtre 這四位人士，予以本書的寶貴建議。同時，我也非常感謝 Arielle Adda 與 Jeanne Siaud Facchin 她們的大作，引領啟發我對此領域的見解。

謝謝以上協助我完成此書的人。

| Lesson Ⅰ |

為什麼會這樣呢？
你為何總是想太多的原因

1 因為你比其他人還要敏感

天生就比他人敏感

八零年代，「椰子女孩[1]」唱紅一首單曲中的歌詞提及：「這個傢伙實在太、太……，太、太、太！」這句話直接道盡「大腦多向思考者」所有的問題。不管是什麼，都太多了：太多的想法、太多的疑問、太多的情緒……我們可用英文文法上的「最高級」，來形容這群人，甚至可以說他們是「超高級」：超高的反應性、超高的敏感度、超級多愁善感……。對於生活周遭的人、事、物，「大腦多向思考者」擁有異於常人的敏感度。即使是一件小事，都足以影響他們的心情；尤其當這件事牽涉到他們的信仰價值時，反應會更加劇烈。他們的觀察力、敏感度、情感充沛等都是超乎我們的想像，是「正常人」的十倍以上。「大

1 椰子女孩團體（coco girls）所主打的一首歌：《Ce mec est too much》（這個男的太超過了）。

腦多向思考者」的觀察力與感官系統都是極其敏銳、易感。透過他們對這世界細微的觀察，我們逐漸了解到這群人的發達神經系統。

透過五官，我們從生活周遭發生的人、事、物中擷取訊息。然而，有的人可能生來有點耳背，有的人可能有鬥雞眼等。由於每個人的生理機能不同，我們可以想像大家看待這世界的角度與想法，也不盡相同。因此，每一個個體對於這世界的體驗都是主觀而且獨一無二的。試著想像你邀請十個朋友來參觀你的家。隨後，請他們描述你家的樣子和細節的部分。突然間，你會驚奇地發現這十位朋友對家裡的描述，好像是參觀了十間不同的房子。

每個人善用的感官體驗，會使詮釋世界的角度不同：有的人是視覺導向，欣賞你的公寓，他可能會提及你房子的裝潢美學、色彩、亮度、全景等等；有的人是聽覺導向，他會發現這公寓的周遭環境過於嘈雜或寧靜；有的人是觸覺導向，他可以感受到你歡迎的熱情、整個空間的壓迫感或舒適度；有的人會用他們的嗅覺來鑑賞你的家，聞到這房子裡有點煙味或有股舒適的氣息正在迎接他。你發現每個人會擷取自己感到有興趣、重點的部分，來表達對這房子的感覺，同時也忽略了其他的感官所察覺到的部分。

因此，每個人都會以他五個感官中的某個擅長的器官，接收大量的信息，來說明對該事物的感受。舉例來說，有三個人來到某地方。某甲可能覺得這裡「有點吵」；某乙則覺得這裡「非常吵」，可是某丙卻一點也感覺不到噪音的存在。他們各自選擇自己擅長的感官接收器，擷取訊息，詮釋該地的感受。然而，如「大腦多向思考」這類型的人，會比「一般人」接收到更多更強的訊息。他們用「異常靈敏的接收感官」，接獲訊息，解讀世界。如果你邀請一位「大腦多向思考」的朋友，參觀你的公寓時，你會對他的觀察心得，感到訝異。這樣的人會比一般人觀察到更多的細節、甚至枝微末節之處，或者還有一些我們想都沒想到的地方。

總是緊張兮兮的感知神經

我想先刊出一封方索瓦寄給我的電子郵件。信的內容是描述我與方索瓦第一次會談的情形，還有他內心澎湃的想法。信件內容如下：

我想跟你談談我每天日常生活的情形。就舉我們第一次碰面來做說明好了。（希望你別介意以下的內容）。

當我第一次來到你辦公室，正要停車的時候，一瞬間，我會猜你的車是停在車庫裡還是外面？當我要經過大門時，我猜你的車是哪一輛？還有你喜歡車子嗎？我猜想你應該是喜歡汽車的人，至少我是認為如此。問題是當我正在猜哪一輛車是屬於你的時候，看來看去，就是看不到一輛我覺得還不錯的車。所以，我就告訴自己：我可能猜錯了[2]。隨後，我抵達你辦公樓的門前，正要按密碼進入的時候，我看到你掛在信箱上，或者是說放置在門鈴前的職業名牌[3]上的字體與其他科的整骨矯正師不一樣。所以，我就想你來到這間辦公室執業的時間應該不久吧！你在這開業的時間一定是與其他人的時間點不同。然後，我就問自己為何如此？你以前是在哪裡執業？之前執業的地方是不是離你住家太遠了？那麼，對你的病患來說，更換看診地址會不會造成影響？之後，我按了你辦公樓的門鈴。這裡要跟你提一下，你們的第二個門鈴壞了。請記得修理。還有我又想你們為何不修電鈴呢？有什麼原因嗎？隨後，我進到你們共用的辦公室，來到了候診間。裡面沒人，就只有我而已。我又想那些整骨矯正師是不是都沒病人啊？等了一會之後，你就叫我的名字了。我認為你是一個有效率安排時間的人[4]。還有一件要跟你提，就是你候診間的雜誌好像都過期

2 方索瓦以為作者有車停在辦公室門前，但他後來沒有看到一輛「好」的車。所以，方索瓦認為作者沒有開車。

3 法國診所的所在地，通常會有不同科別的醫師群聚於一棟辦公大樓或樓房內，以便當地患者求診。因此，於醫療辦公樓前，會標註各個科別的醫師姓名。

4 方索瓦認為不用在候診間等待過久，表示心理諮詢師很有效率地安排她諮詢對象的看診時間。

了。因為大部分雜誌的期刊號都很……。從我的角度來說，有些雜誌的屬性都很……。我就猜這些雜誌是不是你訂的呢？那你是不是應該訂「××期刊」？唉，雜誌的內容實在讓我讀不下去！我便望向窗外，可是也沒有什麼看頭。突然，我感覺到喘不過氣來，有股強烈的壓迫感。這煩悶的感覺，使得我對窗外的風景索然無味。我就只好等待你喊我的名字。同時間，我也在猜你的樣貌。聽到你高跟鞋踩在木夾板上，喀喀作響（我從以前到現在就不喜歡這種材質的地板，讓我感覺很冷漠、沒有一絲溫暖）。我心想你應該是高個頭的人吧！同時，我也懷疑自己說：「既然你都那麼高了，為什麼還穿高跟鞋？」

隨後，我見到你了。哈哈！我猜對了。你就如我想像中的一樣。碰面時，我們相互行握手禮。其實，我猜如果我們行貼頰禮[5]的話，我可能會得到更多關於你的訊息，可是我沒有這樣做。我真的很高興跟你握手，感受到你的溫暖。你握手的強度是堅定又稍微用力。你身上的香水味不會太濃或者我猜你沒擦香水，只有一股淡淡的香味。這正是我喜歡的味道。我不喜歡身上飄著濃烈香水味的人。當我來到你辦公室時，我又問自己哪些整骨矯正師屬於哪間辦公室呢？好，現在來談談你的辦公室吧！就拿第一個診間來說，我認為空間

5 在法國，於正式的場合，互相行握手禮。貼頰禮是用於親人、朋友、熟人之間的打招呼的方式，及多次見面後的工作伙伴、同事或鄰居。

規畫的非常好，甚至有些太過整齊了。舉例來說，你需要在你辦公室內的陳設中擺上一些盆栽，不然會讓整個空間的視覺看來有壓迫感。另外，你桌上沒有擺放太多的雜物，就是一堆筆。而且這些筆，看來還都不是同款同色。為什麼呢？再說你第二個診間，我覺得它比第一個診間的擺設好多了，尤其是那張紅色的沙發長椅，我非常喜歡。比起其他的家具，這沙發椅看起來年代久遠。我猜想你是不是還有另外一個接待患者的辦公室呢？我想你應該還有另一個辦公室吧！隨後，我們坐了下來，我開始觀察你。分析你身上的連身裙（其實，我們在走廊相遇時，我就開始觀察你了）。你連身裙上的花色大膽鮮豔，而且材質很貼身。我可以感受到你對自己的身體很有自信，你很喜歡自己。我猜你也喜歡這樣的感覺吧！然後，我又研究你的髮型，這跟我之前在書上看到你的照片相比，我喜歡你現在的樣子。你的膚色有些黝黑，我猜你可能喜歡到海邊晒太陽。我發現你身上的小首飾，樣式簡單，非常適合你。你應該是個喜歡手鐲的人吧！我認為你不用選擇太花俏的款式，顏色可以是金色或亮眼些。我又看向你的雙手。我很喜歡你的那雙手。我想說的是，一直以來我都是這樣觀察、分析每個人的。這樣的過程對我來說，至為重要，可以讓我在當下場合稍微放鬆。同時，我可以保持警戒的狀態以免你左右我的思考。

關於以上的內容確實是我腦中的想法，將它們毫無保留地告訴你。實際上，這就是我的日常生活模式。如果你還想知道更多的話，就在我們會面之前，我在你辦公室轉角處的書報攤上，足足待了三分鐘。僅僅這三分鐘內，我的腦中浮現將近有二十個問題……。

由以上「大腦多向思考者」的自述中，你可以了解到這群人，每天二十四小時永不停歇，處理大腦中的訊息。經由靈敏的感官接收眾多的訊息，他們的大腦將儲存巨量瑣細的資料。透過收集到的資料，「大腦多向思考者」試圖預測或猜測一些未知的資訊。在這轟炸過程中，他是處於緊張、不信任、情緒波動的狀態，例如，首次會面。他會開始問自己數百個問題，試圖獲得更多資訊或答案。

如果你想得很多，「感覺異常靈敏」(l'hyperesthésie)，就是你的特質。「感覺異常靈敏」是一個科學術語，它是指五官接收器的功能特別高度敏銳。換句話說，你的五官一直是處於興奮、警覺的狀態，甚至始終保持戰鬥狀態。對大多數「一般」人來說，我們很難察覺出事物的細微差異，而你卻有能力區別其中的不同。你就如方索瓦一樣，擁有觀察枝微細節的能力。但這群「感覺異常靈敏」的人，由於經常受到環境內的噪音、光線或氣味的干擾，造成了他們沒有發現自己擁有超乎常人的五官感知力。當我與他們談到以上的想法時，一開始他們的確會很驚訝而且不認為自己具有這樣的能力。隨著我們的討論，漸漸地他們意識到自己擁有「異常靈敏的感官」。有的諮詢者會舉例說：當聽到某段樂曲的首音符時，他可以說出這是什麼樂曲或者猜測整首樂曲的音符編排等等……。

即使這群「感覺異常靈敏」的人，一天能多次洞察「枝微細節」的事件，但他們絕對不會想到自己是與其他人不一樣的。或者是那些知道自己有「異常靈敏感覺」的人，也會告訴自己：不要活得那麼辛苦。尤其當環境中有噪音、光線、氣味干擾時，「感覺異常靈敏」的人還會責怪自己無法忍受這些感官的刺激。耐莉是我的一位諮詢者，她說：「我實在不能忍受商店裡的音樂開得太大，聲音大到我都想逃離這家店。」對於皮爾來說，他有視覺的高敏感度，因此會經常感到不適。他說：「辦公室裡的日光燈好強烈，光線強到都刺傷我的眼睛。可是整個辦公室裡，只有我在抱怨，大家都以為我很愛發牢騷。」記得，還有其他「感覺異常靈敏」的人，例如嗅覺、觸覺等，他們也會遭受到環境的刺激干擾。

視覺高敏感度

回到另一個諮詢者方索瓦的身上，他是一個擁有視覺高敏感度的人。舉例來說，他在一個空間裡，首先會看到的是細節部分，隨後他才會注意到整體的環境。他也很想知道其他的諮詢者所看到的事物是否與他相同。方索瓦的確是位有能力可以擷取大量瑣細資訊的人，例如：鋼筆、老舊的沙發椅、窗外的景色、候診室中的雜誌等等。他的視力如同一臺精密的掃描機：穿透力超強而且還是持續性的掃描。如同他寫給我的 E-mail 中提及，他一開始便從頭到腳的分析研究我這個人，例如我的髮型、服裝、手飾，還有我的雙手等等……在日常生活中，若我們作為一個被審視的物體時，這樣詳細察看的方式的確會讓人感覺非常不舒服。但，需要說明的是，當「視覺高敏感度」的人觀察該「人、事、物」時，並非正在進行批評或論斷行為。像方索瓦一樣「高敏感度」的人，是經由觀察外在的過程，對自身產生安撫鎮定的效果。在此過程中，他們大腦的記憶體同時也會大量儲存以上所觀察的細微事物。

有些人對於光線「亮度」敏感，也是屬於視覺高敏感度者。

聽力高敏感度

另一個異常靈敏的感官，則是來自耳朵的聽覺。這樣的人可以同時聽到並且分辨出多種聲音的來源。舉例來說，擁有「聽力高敏感度」的人，他可以一邊聽收音機，一邊還可以跟很多人對話。然而，事實上他的耳朵正專注地傾聽從隔壁廚房傳來的洗碗盤聲，而且這聲音蓋過一切。同樣的情形，例如有人正在使用割草機產生大量噪音的狀況下，「聽力高敏感度」的人仍然可以享受從遠處飄來的音樂聲，甚至這樂曲中含有多種樂器發送的情況下，他還是很清楚地辨識出哪個音節是薩克斯風演奏的。但要知道的是這種被多重聲音覆蓋的情形，只有他個人可以唯一清楚聽到某個微小的聲音。通常擁有「聽力高敏感度」的人，即使聲音是從很遙遠的地方傳來，同時還夾雜些其他的噪音時，如果這聲音是低音的話，他們會比較容易辨識；高音則不然。甚至他還會覺得這遠方的聲音竟然比他身旁的聲音還要清晰。也正如此，由於他們會被遠方的聲音所吸引，而會經常忽略正在跟你談話這件事。當「聽力高敏感度」的人聽到電視臺於整點新聞或發布新聞標題時，會使用一種特別的背景音樂來介紹新聞，這刺耳的聲音，對他們而言是痛苦至極，因為在一堆噪音的背景音樂中，「聽力高敏感度」的人要花很多氣力來分辨出記者的話語。方索瓦說過一些聲音的感受：他觀察我的聲音、聽我的腳步聲、地板冰冷的回音，加上壞掉的門鈴等等。

觸覺高敏感度

「大腦多向思考者」對於一個地方的氣氛、空氣的乾溼度、熱氣等等，有非常直覺的敏銳度。當他們碰觸他人時，會直接感受到對方的膚質情況，也很介意衣服材質接觸身體的感覺。透過觸覺，「大腦多向思考者」會不斷地接收四面八方傳來的訊息。記得方索瓦說過，第一次會面時，他希望我們可以親臉頰打招呼，如同老友一般。可是，他沒這樣做。很多感官高敏感度的諮詢者，在我們幾次會面後，都會嘗試問我說：「我們打招呼，可行親頰禮[6]嗎？」另外，當面談有些情況發生時，例如他感到悲傷、或需要鼓勵時，他們也希望我能給他們一個擁抱或者我們相互擁抱一下。請不要認為這其中有什麼曖昧的意味。其實他們只是需要一個溫暖的擁抱，一個真正美國式的「擁抱」（hug）而已。「身體的接觸」會幫助他們平衡過多溢出的情感，如情緒激動時，幫助鎮定下來。回到方索瓦曾說：「我可能會得到更多關於你的訊息。」對於傳統型的心理諮詢方式，建議不要接觸諮詢者。然而對於「感覺異常靈敏」的人來說，這可行不通的。因為他們需要觸碰對方或物體來接收訊息。

6 如同註5（頁36），法國的親頰禮是見面的打招呼及說再見的方式。通常於第一次見面後，雙方可行親頰禮，但由於作者是女性又加上她為諮詢師的身分，因此，她的諮詢者會先詢問以徵求她的同意。

嗅覺高敏感度

大多數人的嗅覺都不是很發達。然而對於其他動物而言，他們的嗅覺器官可是非常發達。我常跟這些「感覺異常靈敏」的人開玩笑說：「要知道你們的鼻子是個松露鼻(truffe)[7]，不是我們一般人普通的鼻子！」如同方索瓦說：「當他進入我的辦公室，他聞到淡淡的香水味。」這些「嗅覺異常靈敏」的人甚至還可以聞到剛離開我辦公室的人，他身上的味道是煙味或汗水味呢！

我的另一位諮詢者佛羅倫斯，當她來到我那通風多天的辦公室時，仍然覺得這房間的空氣不好！嗅覺靈敏者最快樂的時候，就是當他鑑賞美酒或品聞香花時，他的確是可以感受到這獨特美妙的香味。但如果他們突然聞到刺鼻惡臭或摻有人工香料的食品例如摻有化學香料的甜麵包，這對他們來說，可真的是噩夢。方索瓦的郵件中提及他不喜歡太濃烈的香水味。

7 Truffe有兩種意思，法文譯為1松露。2嗅覺靈敏動物的鼻子。原因一當法國人在森林中尋找松露時，通常藉由狗的嗅覺才能聞到松露的所在地。原因二是這些靈敏嗅覺動物的鼻子，長的都很像松露。

味覺高敏感度

嗅覺與味覺兩個感官經常是相輔相成。一般來說，「感覺異常靈敏」的人，往往都是美食家。如果他們還能信任自己的直覺的話，有的人還能吃出食物中回甘的味道，如肉桂味或辛香味等等，甚至還可以猜出某些香料的來源地，例如咖啡或巧克力的產地等等。由於「大腦多向思考者」的味覺感官極其靈敏，只要一絲絲可疑的腐敗味道，他們都可以聞的出來。因此，通常食物中毒這件事對「感覺異常靈敏」的人來說，幾乎是不會發生的。

多數人的五官所能接收到訊息，比「大腦多向思考者」少很多。有時候「大腦多向思考者」會發覺一般人所接收的外界訊息真少之又少。他們常覺得身旁這些「一般」的友人實在太麻木不仁或是過於粗枝大葉。然而若要他們產生對朋友的負面想法，也實在很困擾自己。因為「大腦多向思考者」的特質，就是不去批評他人，盡量忽視兩者接收訊息的落差。經過科學研究證實，「大腦多向思考者」與一般人在神經系統上的構造，是有其差異性。我希望大家能夠了解並接受這一客觀事實的存在。

因此，我們逐漸地了解到「大腦多向思考者」的特徵。現在何不轉身看看你周圍的親朋好友，想想看這些人是否與「大腦多向思考者」一樣，大量地接收周遭環境的訊息，擁有高敏度的五官感知力。你會驚訝於每個人的注意力、敏銳度都有其不同程度的差別性。當方索瓦聽完我以上的陳述後，突然意識到對我說：「難怪我常覺得我的朋友們都太不拘小節了！」

你的哲學大腦

對於「感覺異常靈敏」的人所能看到的細節來說，的確非常大量儲存在腦中。就這些細節訊息的品質來說，他們的確是有能力分辨出非常細微的差異。例如顏色的深淺度，通常一般人會認為幾乎是相同顏色，但他們能分辨其差異性；又例如音符間的細微音差等。此外，「大腦多向思考者」的注意力與記憶力也是令人讚嘆。最後一提，「大腦多向思考者」的五官感知力能夠精準地反映出過去的學習經驗（éidéiste），此點較鮮為人知。

你有沒有看過一個天真的孩子認真專注地觀察一隻小瓢蟲呢？小孩的雙眼看起來就像一支顯微鏡，看透了這隻微小的昆蟲，觀察屬於牠的一切細節。他驚嘆著瓢蟲外殼的光澤、細緻的線條、兩側的眼睛、抖顫的觸角……等等，瓢蟲的甲殼下，還有一雙透明的翅膀。對他而言，小瓢蟲簡直就是鬼斧神工之作！

什麼是快樂的感覺呢？當我的味蕾品嘗到口感如天鵝絨般絲滑的果醬時；當我發現樹葉上閃爍的水珠時；當我觸摸絲絨般的玫瑰花瓣時；當我讚嘆象牙般的珍珠光澤時。穿上舒服柔軟的羊絨衫時，我很快樂。聽著抑揚頓錯的琴聲時，我為之嘆息。「感覺異常靈敏」的人，他們有強大的敏銳度欣賞外在環境的一切特質。而將這些細微的關注轉換成詩篇、文章、藝術或令人讚嘆的表演。現在，何不轉身看看你的親朋好友，不要將小孩子算入其中，想想看有哪些人擁有明察秋毫的能力，欣喜地接受大自然給他的驚奇！

觸發聯想的能力

大多數「大腦多向思考者」通常會有「五官異常靈敏」與「觸發聯想」的能力。這是由於大腦中的感官神經交叉刺激而形成的結果。例如，擁有聯想能力者，他們可能會看到文字的字體本身帶有顏色或是能看到立體浮現的阿拉伯數字。另一位諮詢者凱瑟琳說：「我會感覺到我的皮膚在說話。當我在閱讀文字時，看到某些字體，尚未了解字裡行間的涵義前我就全身起雞皮疙瘩。」記得方索瓦他曾說，我辦公室的地板很冷漠（這是他腦中的聽覺神經與觸覺神經交叉所產生的結果），與連結我的照片和聲音時而猜想我可能很高大。

觸發聯想的能力是可以幫助記憶力。所以我們可以理解為什麼「大腦多向思考者」可以記住大量瑣碎的訊息。然而這些訊息，對於大多數的一般人來說，實在是太細節了。

「觸發聯想」的能力對於「大腦多向思考者」而言，其實是一種無意識的反射行為。當我與一位「大腦多向思考者」對話時，我問他是不是他有「觸發聯想」的能力？他回答說：「沒有，我沒有這能力。」可是，我並不這麼認為。經過多年的臨床經驗，我可以很肯定地說：「感覺異常靈敏」的能力與「觸發聯想」的能力是相互伴隨的。也因為如此，有時在諮詢的過程中，我冷不防地問對方：「禮拜二是什麼顏色？」這位諮詢者自然地反射回答：「黃色！」（也可能是綠色，顏色不是重點）對於這樣的回答，他自己也感到驚訝，開始會急著辯解說：「啊！我也不知道為什麼我會這樣說……。」

為了確認我的諮詢者是不是一位「大腦多向思考者」，我還會突然地問：「你認為桌子這詞，應該是什麼顏色？」他立即回說：「綠色！」回答後，他悵然地望著我。沒錯的，「大腦多向思考者」會看到帶有色彩的文字或數字。就一般人的邏輯而言，實在說不通。但又如何？試著想想，回到我們小時候學習認字的過程：學英文字母B時，我們會說兩個大肚子的B；學數字2時，我們會說2是金色天鵝2；數字1是黑色魚叉1。然後我們說流泉瀑布的水聲，像極了肚子呱呱叫的聲音；雞肉的味道，聞起來是金黃色的感覺。

我們不明白為什麼大家這樣說，現在聽起來是有點傻！但請你試著回想你的小時候，有時產生光怪陸離的念頭，這都有可能來自「觸發聯想」的能力。

特別喜歡或是厭惡某事

在日常生活中，「感覺異常靈敏」的人是如何表現出他們特有的天賦呢？舉例而言，就聽力而言，有些人會對於某些聲音特別的敏感。就觸覺來說，當接觸到某種材質的物品時，他們可能會有特別正面的喜悅感或負面的排斥感。還有的人，可能會排斥某類型的食物，例如：軟爛的食物、柳橙等等。

威廉是一位亞斯伯格症的小孩。聽到蟬鳴時，他會興奮莫名。如果同時還有其他聲音夾雜的話，他也可以完全忽略這些噪音的存在，只專注於蟬叫聲。奇怪的是，對於疼痛或難聞的氣味，他卻毫無感覺，無動於衷。另外，他很排斥穿戴合成化學纖維的衣物；卻很喜歡觸摸皮毛或絨毛類的物體，讓他愛不釋手。

非常特別的能力：感覺過於敏感

就某個程度來說，「感覺異常靈敏」的人也算是個「幸運兒」，充滿大量的好奇心。一旦他們與外在環境接觸後，神經系統是處於興奮緊張的狀態。身上的五官接收器不斷地工作，不停接收訊息，刺激大腦運作。

「感覺異常靈敏」的人，由於超敏感的五官接收器，不停地接收訊息，使得神經一直處於興奮的狀態，他們會感覺非常疲累。有時，房間的燈光，對他們來說太過強烈，他們會有暈眩感。若是室內的裝潢過於鮮豔、多彩，也會讓他們的眼睛承受不住。還有一些大聲的噪音或是呼隆呼隆的聲響，他們的耳朵也會不舒服。另外，空氣過於悶熱、潮溼、乾燥或有靜電，也會讓他們不自在。如何能看出「感覺異常靈敏」的人身體不舒服的警訊，他們下意識地會去搔抓頸部，因此可從舊抓痕得知。若是有的人幾天沒洗澡或身上噴了太多香水，他們聞到後，馬上會想嘔吐。由於「大腦多向思考者」神經系統缺少「關閉接受訊息的機制」，當他們專注於某事時，同時他會無法關閉其他的五官接收器，因此神經系統還是處於活躍的狀態。

對於大多數的「一般人」來說，當我們的五官接收訊息時，大腦會自動產生事件優先排列的機制，會將重點放置於至關重要的事件上，不必要的訊息會自行擱置。這種優先順序的排列機制，可幫助人們專心處理相關重要事件上。然而，就「大腦多向思考者」而言，如此的排序機制不會自動產生。只有透過他個人努力去使用「人為的排序機制」產生優先順序。然而「人為的排序」，只有靠當事人本身意識到該事件時，經過省思而產生決定。將他的注意力放置於某事上，同時耗費精力地完成它，而其他的事情則置之腦後。

對「大腦多向思考者」來說，刻意使用「人為的排序」機制有一定的困難度。首先當事人須意識到該事件的重要性。但在實際的生活中，要「大腦多向思考者」選擇，通常很困難，因為他們很難區分出事件的重要性。原因是因為五官接收過多的訊息，而造成他們無法做出抉擇。「大腦多向思考者」會不斷地接收五官傳回的訊息，分析內容，但這樣來回的模式：接收訊息—刺激—分析—反應—同時還會有些無關緊要的訊息加入其中，搞得他們非常疲累，不知所措。

無論白天或黑夜，「大腦多向思考者」訊息過載現象是永遠不停歇的。因此我們會了解到這群人多麼希望可以拔掉他們腦袋上的插頭，暫時喘息一下。對於一般人來說，面對如此大量訊息轟炸的狀況時，他們可能會回答說：「啊！不要太在意這些細節不就好了？」聽起來好像是輕而易舉之事。然而，這也就是「一般人」無法理解「大腦多向思考者」日常生活的難處。舉例而言，當「大腦多向思考者」在街道散步時，由於外在事物的干擾，會造成他的注意力分散，例如汽車的噪音、經過身旁的路人，還有商店的櫥窗擺設等等。因此，他自己必須花很大的力氣，集中注意力。「專心一致」對他們來說簡直是困難重重。

打從一進到這餐廳開始，耐莉就覺得餐廳的背景音樂太大聲了。她可以很清楚地聽到餐廳裡人來人往的聲音、鄰桌的對話、服務生送餐、整理碗盤的聲音、客人推拉椅子的雜音，還有加上食物過重的氣味、過於刺眼的燈光等等。這一切周遭的事物，都會分散她的注意力。如果你希望耐莉能夠專注於談話的內容、注意她身旁伴侶的舉動或熱絡地加入討論的主題等等，她真的需要花很大的氣力才能完成。對她而言，度過一個美好的夜晚，的確是件浩大的工程。

透過五官感受，讓我們的生命擁有多彩多姿的意義。對於「大腦多向思考者」而言，更是如此。他的五官不斷地接收四面八方傳回來的訊息，產生反應，正是此刻，誕生生命的喜悅：美麗的背影、愉悅的音調、溫暖的觸碰、迷人香氣及盤中美食等等。「大腦多向思考者」總是隨時隨地接收這些美妙的訊息，他們會感到歡欣莫名，滿足享受於當下。想想「大腦多向思考者」看落日夕陽的讚嘆或聽鳥兒蟲鳴時的快樂。也只有在此時，美麗動人的時刻，他們最能理解自己與一般人的不同之處。如果「大腦多向思考者」嘗試著與他的朋友分享喜悅時，他的好友會回說：「落日，對啊！還不錯看！就是夕陽嘛。走吧！我們再往前走，看看別的東西吧。」當他的好友們無法分享他的感動，對「大腦多向思考者們」而言是非常沮喪的；相反的，當他的同伴對可愛的小鳥說：「吱吱吱，小鳥兒！你幾歲啦？」他們不會覺得同伴與鳥兒對話很無趣。因為他們享受當下的瞬間喜悅。

有些「大腦多向思考者」，會經常有低潮、抑鬱的情況產生，是由於「感覺異常靈敏」的五官大量的接受刺激而造成。我會建議「大腦多向思考者」應隨時保持生活上寧靜、平淡的喜悅，同時並對生命保持強大的熱愛。當有一絲陽光出現時，請欣然地迎接它的來臨。

2 因為過於豐富的情感

過於豐富的感受力

由於「大腦多向思考者」的五官非常靈敏，因此會大大地增加他們對這於這世界的認識。他們擁有異於常人的五官接收天線，所以對於光線、聲音、溫度的冷熱，尤其當有過量的外在刺激時，他們會產生強烈的反應。有時，他們會突然開口說：「關上電視吧！都沒有人在看！」（因為電視的聲音過大）或者說：「請問一下，可不可以把窗戶關上（或打開）呢？」（他們感覺天氣過冷或過熱了）。

相較於「一般人」，「大腦多向思考者」擁有纖細敏感的五官，他們會無意識地接收超大量的資訊。當在溫馨的氣氛下，他們會很快地熱淚盈眶；當他們受到壓力時，會有抽搐的表情；當他認為受到不公平對待時，會有反抗衝突的情況發生。他們對於你說話的音調、用字遣詞、臉部表情、肢體語言等等，都會非常在意，而且將這些對話一一儲存在他的大腦記憶體裡。

由於擁有高敏感度的五官，使得「大腦多向思考者」要求每件事物都有其「精準性」。他們相信每一個用字遣詞都有其獨特的意義，絕對沒有任何同義字可替代。對於「大腦多向思考者」而言，只有相近的字詞而沒有相同的詞彙。他們有可能會因為某個不精準的用字或意思過於概括，便與人發生爭論。常常因為如此，對他們的批評、指責、訕笑便接踵而來，加上有些友人還會不說真話，這樣的狀況都會讓他們很受傷。由於「大腦多向思考者」接收巨量的資訊，因此他們要求每件事情的描述需合於事實的真確性。可是其他人並沒有接收到這些「額外的資訊」，就認為這些人太挑剔了。「一般人」常會對「大腦多向思考者」說：「這真的不是你想的那樣，你想多了！」此時，正是「大腦多向思考者」感到最沮喪的時刻，因為他試著將自己獲得的訊息及想法與大家分享，但卻得不到共鳴。

「大腦多向思考者」對於這個世界了解的程度，以及可能觀察到細微的程度，會因每個人的感官敏銳度不同或擅長的接收器不同，因而造成當事者接收訊息的程度也有所不同。聽聽愛美莉·諾冬小姐，當她接受記者採訪時說的話：「當這世界有戰爭、地震或飢荒時，我就會認為那都是我的錯，我應該為這些人做點事。」聽完愛美莉的說法後，相信你會如同這位記者的反應，既高興又驚奇。由於「大腦多向思考者」所接收的每個訊息都深深地觸動他們的神經，影響他們的心情。就像愛美莉一樣，其他的「大腦多向思考者」面對負面的事件發生時，他們常會產生罪惡感，有著無能為力的傷感。

以下我們將說明「大腦多向思考者」的大腦運行情形。他們的行為模式是受到大腦的右半球所支配。而右腦的功能主要是管理感情與情緒。就理論而言，訊息是通過心臟，抵達大腦，之後大腦產生反應。由於「大腦多向思考者」是受情緒的右腦主控行為反應，若你希望他們時時能保持冷靜與理性，是幾乎不可能的。他們隨時會被自己的情緒所淹沒，有時像暴風雨般，來得快去得也快。情緒的轉折如坐雲霄飛車，一會兒經過焦慮的隧道，瞬間來到憤怒的出口，突然爬到暴怒的高峰。冷不防地，又跌入憂鬱的深谷中。別忘了，他們也是有狂喜的時刻，這時會像大海衝浪般的快感，單純地享受當下的時光。

「大腦多向思考者」的超敏感度，也會為他們帶來許多問題。由於本身無法控制衝動的情緒，通常會造成身邊的親友無法理解他的行為，進而會對他產生負面的評價。今日我們的社會中，對於纖細敏銳、多愁善感的人，我們稱為「情緒化」，將他們視為天真、脆弱或爆衝型的人。甚至有的人會認為這些人的舉止過於輕率妄為、幼稚愚蠢。若以傳統的心理診療角度來看，這群人很快地會被貼上「邊緣人」的標籤。

如果你覺得自己是屬於既敏銳又感性的人，那你一定有個主要的特質：「你察覺到太多事情了！」有時身邊的朋友們，會把你當個孩子一樣，對你說教、吼你。告訴你沒必要為一件小事，哭得唏哩嘩啦或者瞬間大發雷霆。或是對你說：「不要把這些事情放在心上，不用太介意，要勇敢堅強些。」我們總結以上的說法，「一般人」會對「大腦多向思考者」的批評或建議，都是說：「無論什麼情況下，你都必須保持鎮定，堅強果斷些，不要有太情緒化，理智面對事情。」

那請問如何幫助「大腦多向思考者」管理自己的情緒呢？多年前，大家相信是有方法來矯正他們。試著想看看：如果我們相信理性思維、邏輯推理和果敢判斷，這些觀念都是正確合理的話。那麼情緒與感情對我們來說，則會成為不受歡迎的負擔。由於過多的情緒會讓我們無法作出理性的判斷。令人感到振奮的是，近年來，這樣的思潮正在改變。在思想與決策過程中，我們漸漸地意識到「情感」扮演著重要的角色，幫助我們作出合情合理的選擇。

現今我們大家會提到EQ（情緒智商）來說明情緒智商的程度。情緒智商檢測的目的是在幫助個人了解其行為動機、情緒管理、與他人相處及同理心表現的能力。儘管「大腦多向思考者」會因情緒起伏而產生困擾，這只是因為他們尚未學會管理自己的情緒罷了。但是「大腦多向思考者」確實有很大的情緒潛能等待開發。

通常「大腦多向思考者」會直接表達他的喜怒哀樂，顯然這樣的行為在他人的眼裡，不會留下太好的印象。因此，常遭受到「一般人」的指責、批評，有時還會發生與人爭執的尷尬場面。但我們試著去想像一件事：假如在這世界上沒有這些纖細敏感的人存在的話，我們將會失去創造力、缺少同理心以及歡笑聲。如果人們的行為永遠是理性、自我控制、毫無熱情的話，這個世界又將變成怎樣？假如人類沒有正義反動的能力，尤其是該反抗力是如此瘋狂激情，具高度感染力，我們又如何對抗不公不義的社會？這個世界需要「大腦多向思考者們」的存在，平衡過於理智冷漠的社會。

「大腦多向思考者」的特質中，以「感覺異常靈敏」為主要的表徵。當然他們也擁有其他的優缺點：例如「大腦多向思考者」是位嚴以律己，寬以待人的行為者。與人交往時，他們是個充滿愛心、溫暖無私的人。但對自己的要求則是非常的嚴謹苛刻。對於身邊的人事物時時充滿好奇心，同時也處在懷疑警戒的狀態中。另外，「大腦多向思考者」能隨時自我解嘲，化解尷尬。敞開的心靈、好奇心、幽默感及純真性，皆是「大腦多向思考者」智慧的表現。別忘了他們還有豐富的創造力與想像力。

「大腦多向思考者」具有獨樹一格的人品。滿腔正義感、剛正不阿、誠實坦誠而且言行如一。建議你：若你能學會掌控自己的情緒，你愈能夠接受自己原本的樣貌。要能有效地管理你的情緒EQ，其解決之道便是要了解自己。當你愈了解自己時，身旁親友們也會更加了解你。換言之，一旦大家了解你時，當你的情緒風暴降臨，大家能夠妥善因應，迎接暴雨的來臨。如此一來，你的情緒與多愁善感都將會成為你的良師益友[8]。

因「情」而生，因「情」而死

「大腦多向思考者」的大腦，是由右半球情感區發號司令，主控行為。假如「大腦多向思考者」的人習慣於貶低自我，加上別人的批評，以及自己病態的敏感，這樣一來會造成他們更不知如何管理自己的情緒。殊不知他們所需要是來自他人的正向鼓勵與自我的肯定。親友的支持、鼓勵打氣、溫暖擁抱、肢體接觸，還有健康的人際關係，都有助於「大腦多向思考者」朝正面發展。還有「大腦多向思考者」一旦專注於某件事時，絕對沒有任何事物能夠讓他轉移注意力。

「一般人」會認為這些「大腦多向思考者」可能擁有不協調的大腦機制。然而，在吉兒・保得泰勒（Jill Bolte Taylor）所寫的《奇蹟》[9]一書當中提及她人生巨大的轉變，

8「情緒使用手冊」，Jouvence 出版社。
9法文書名為 Voyage au-delà de mon cerveau，原文 英文書名為 My Stroke of Insight: A Brain Scientist's Personal Journey。

是從自己經歷左腦中風後，只能單獨使用右腦思考開始。吉兒感受到自己是如此地「缺乏情感」、「缺乏自信心」。她對於情感有強烈的需求，希望獲得許多溫暖的鼓勵。同時，也覺得自己變得特別敏感。有生以來，第一次感受到真善美的境界，同時她敏銳地察覺到她身邊朋友的壓力。然而吉兒以上所有的人生新體驗，對「大腦多向思考者」來說，卻都只是司空見慣之事，不足為奇。

有的人會說「大腦多向思考者」在求學的過程中，只會為了他自己而讀書，不會為了父母或教師的緣故而奮力學習，我覺得這句話只說對了一半。如果「大腦多向思考者」遇到有愛心的父母，或是充滿熱情的老師，或者自己有興趣的科目時，他的表現會令人驚豔。

當我跟克莉斯汀談到讀書這件事時，她笑著說：「我高中二年級時暗戀物理老師，當時我的學期平均有十八分[10]之多。隔年，換了一位老太太當我的物理老師。啊！你可以理解我的失望，不能再見到心愛的老師了。另外，這位女教師看起來冷漠又有距離感。對了，她還有口臭！所以，物理就離我越來越遠。兩年後的高中指考，我的物理只考了四分[11]。

10 法國學制的成績評分是以20分為滿分。
11 同註10

當我們大學指考放榜那天，我注意到這位物理女老師來看榜單，其實那天只有這位老師來關心我們的成績。從她溼潤的眼眶中和臉上發光的表情上，我知道老師對於她學生們的表現感到非常地驕傲。雖然老師是位矜持嚴謹的人，我想她的冷漠只是表象。直到現在為止，我到對這件事還感到非常內疚。因為如果我知道她是那麼愛我們，我想我的物理指考成績會更好。同時，我也對於我隨意批評他人這件事，感到很難過。」你們可以想像：當這個故事結束時，克莉斯汀的淚水幾乎決堤而出。

當「大腦多向思考者」成年後，來到工作職場。假如辦公室內有股消極或被動氣氛，或是遇到一位頗指氣使的主管時，上班工作對「大腦多向思考者」而言，將會是一件苦差事。此外，若還遇到上級主管催促、責罵的壓力下，他們則會關起門來，不與外界溝通，拒絕回應別人。在工作上，我們要如何激勵「大腦多向思考者」的工作表現呢？我們應以溫暖鼓勵代替冷漠批評，如此會增加他們自信心。最好的鼓勵方式就是信賴「大腦多向思考者」。一旦感受到主管的信任肯定，他們工作表現一定會突飛猛進，超乎大家的期待。然而，今日我們的企業多以批評員工代替加油打氣。

壓力讓你假裝冷漠

莫莉・撒摩納（Muriel Salmona）是一位心理創傷治療師。透過她的研究，我們能夠更清楚地了解「壓力」在大腦中運作的模式。

在我們大腦中有一個腺體，稱為杏仁核，它就像是一個警報系統。杏仁核的工作是解讀感官所接收的訊息，並決定是否對於該事件產生恐慌的反應。假使一個人受到身體或心理的攻擊時，杏仁核就會被激活並產生壓力激素；同時間，腎上腺也會分泌皮質醇和腎上腺素。由於杏仁核的反應，我們整個人便會處於壓力緊張的狀態，這狀態是用來幫助自己逃離現場或留於現場戰鬥。杏仁核中的壓力激素一旦提高，我們的五官敏銳度也會相對增加，同時整個身體的反射速度也會加快，肌肉力會加強，以隨時準備應戰。此時，我們血流量加速，心臟加快，呼吸急促，肌肉收縮，這些生理反應都是幫助我們處於戰鬥狀態或立即離開現場。

若當現場戰鬥的可能性為零時或處於戰鬥條件不充分的情況下，大腦內的杏仁核會一直處於恐慌的狀態，我們稱之為過熱現象。另一個我們大腦的組織，皮層神經中樞，它的功能是分析情況並平緩由杏仁核發出的警報訊號造成的反應。為了防止杏仁核因過熱而引起腎上腺素分泌過量或造成神經皮質醇的中毒，接連促使心臟驟停，導致人體死亡的情況下，此時大腦會發送新的化學物質，即為嗎啡與氯胺酮，這兩種化學物質會協助關上警報系統，將杏仁核設置為「關」的狀態。一旦穩定腦內的杏仁核後，當事人的情緒、心智會平復，如同與外界隔絕一般。

假若緊張壓力一直沒有解除的話，該當事人不會有什麼特別的感受，只會覺得當下有股完全不真實的感覺。我們稱之為「暫時脫離」的狀態。該當事人會如同旁觀者一般，觀看當場發生的事件。

這種「暫時脫離」機制是因為當事人的大腦會持續發送嗎啡和氯胺酮，造成個人產生麻醉與隔離的狀態。這機制可以幫助受到刺激的當事人存活下來但會產生後遺症。因為當事人一直處於緊張的環境中，杏仁核不能藉由海馬迴產生穩定的狀態。海馬迴的功能類似處理人類的記憶與學習能力的軟體。它無法解決當下的狀況，也就表示大腦的安定機制不再順利進行。因此，緊張的訊號一直停駐在杏仁核中，無法解除。有時事過境遷，多年之後，每當記憶重現之時，當事者會感覺到身歷其境，完全回到當時的狀況，原汁原味地重現。加上杏仁核的警報系統一直未解除，這壓力情況就會一直困在杏仁核中。若該壓力事件一直重覆出現於當事者的身上，這種情形我們稱之為「創傷後壓力症候群」。

對於「大腦多向思考者」來說，他們的大腦杏仁核是非常敏感的，一直處於高靈敏接收度與強烈的情緒狀態下。另外加上他們的反應啟動機制非常慢。因此，每當有外來事件發生時，此事件的刺激程度超過或低於本身杏仁核所處的狀態，便會產生「暫時脫離」的機制。該機制是一種個人保持警戒的狀態。

因此你可能會發現到有些「大腦多向思考者」突然間會說出一些無意義的字彙或做出異常的動作。這是由於他們大腦的前額葉功能突然關閉的緣故。大腦的前額葉皮層的功能是以思考推理為主，判斷合理的事物。也就是說「大腦多向思考者」突然被某個外來的突發事件嚇傻，無法思考。因此便會做出一些奇怪的動作或言語，但回神之後，他們的表現會正常許多。或許有的人看到他們嚇傻的樣子，還不太相信這樣的人會擁有「高超的智慧」。其實，他們本身也不知道自己的傻樣，會嚇壞別人！

無論是在何時何地，「大腦多向思考者」都會有可能出現以上所說的「暫時脫離」的狀態。這樣的結果可能會造成有些「大腦多向思考者」注意力不集中、常作白日夢或乾脆離群索居過活。但也有的人會選擇夜夜笙歌，靈魂漂流，忽視自己異於常人之處。本文一開始提及的卡蜜就是代表的案例。卡蜜在喧雜的人群中，瞬間會產生不知所措，若有所失的感覺。對於朋友間談論的主題、笑話，都覺得很無聊，無法融入歡樂的氣氛當中。她心中只有一個念頭：趕快回家！

「創傷後壓力症候群」的成因是由於多次的壓力警訊，持續堆積在杏仁核中，造成杏仁核不斷增厚。每次「大腦多向思考者」會產生「暫時脫離」的現象，是因為杏仁核內的壓力警訊一直無法被處理、被傳遞或者經由海馬迴產生安撫的作用。而這些警訊事件不斷地堆積，壓力不斷地增高，每次的反應便會愈來愈激烈。也因此造成「大腦多向思考者」在許多的情況下，會產生潛在「創傷後壓力症候群」的現象。

因此，這個極端的結果造成「大腦多向思考者」變得異常冷漠，不想接觸任何人，避免產生情感的糾葛，因為他們會覺得自己無法融入社會，而選擇離群索居，單獨過活。這個選擇也是基於自我防禦機制的緣故，與人群隔離，居無定所，隨著人海沉浮，心中了無牽掛。或許有的「大腦多向思考者」會理智地思考他們的情緒狀態，但卻一點都不知道自己是屬於高情緒化族群（hyperémotif）的人。他們的外表看起來雖然冷漠疏離，但事實上，「大腦多向思考者」的心正不停地沸騰燃燒。

你的心就是我的心

「大腦多向思考者」還有一個特質，就是具有高度的同理心（empathie），非常善解人意。首先，須分清楚同情心（compassion）與同理心的差別。同理心是指他們可以理解到對方的情緒狀況。同情心，像似情感氾濫（invasion émotionnelle）的代名詞。「大腦多向思考者」可以察覺、猜想，甚至瞬間地感受周遭人群的情緒狀態，即使對方是陌生人。他們出於本能，像海綿一樣，汲取他人的情緒，即時了解到對方的感受，何時是好心情，何時處於糟透的狀態。事實上，「大腦多向思考者」可一點都不想感覺到別人的痛苦，但這是與生俱來的能力。他們往往不自覺地感受到他人的情緒，有時自己也會被人來人往的大量情緒所淹沒。有時，也有很多「大腦多向思考者」抱怨這種迎面而來的情緒，多到會承受不住。他們不僅對噪音、人群的流動、多種感官的刺激感到敏感外，而且對於大量湧入的情緒也會讓他們感到困擾與疲倦。因此，有的人會選擇盡量遠離人群，避免受到情緒的波動。

我的諮詢者維若妮卡說：「我實在無法忍受待在超市裡，那種感覺糟透了！我可以感受到周遭人群的情緒與煩惱。因此會盡量避免到大型的超市，通常我都是在人少時，去小型的超市購物，會儘快採買完畢，遠離人群。我對超市的感覺，實在糟透了！」

擁有高度同理心，也會使得「大腦多向思考者」可能成為一位宅心仁厚的人。第一個原因是由於他們的善解人意，對方不必作過多解釋，便可真正了解他們；同時，「大腦多向思考者」也不會想要去評斷他人。另外，當我們的親友難過或承受壓力時，「大腦多向思考者」絕對不會坐視不管，冷漠無情。因為對「大腦多向思考者」而言，只有在別人處於良好情緒下，自己才會感到自在。因此，他首先會想到的事就是照顧好他身邊的人，大家氣氛和諧，如此一來，他才能找到自己的平靜。最後，我們要知道的是「大腦多向思考者」，永遠不會傷害他人。在他想傷害別人之前，首先受傷的一定是自己，而不是對方。或許在別人的眼中，他們會看來像是位好好先生。由於「大腦多向思考者」無私的天性，不會心懷詭計，算計他人。他們完全無法想像世界上會有詭計、欺詐和怨恨的存在。也因為如此，「大腦多向思考者」的善意有時會受到有心人士的利用。但是「大腦多向思考者」以為大家都與他們一樣，天真善良。一旦他們受到欺騙與利用時，則會變得非常脆弱，轉而不相信人性。

有些「大腦多向思考者」活在太多的背叛中，加上無法理解對方的行為，他們會變得喜歡挖苦人、產生多疑偏執的行為，還會懷疑自己的判斷力。最後，離群索居、與世隔離成為他們保護自己的唯一的方法。

值得一提的是，由於「大腦多向思考者」容易感受到別人的痛苦，他們通常成為善於傾聽，撫慰他人的良伴。也因此，很多「大腦多向思考者」會選擇協助、輔導他人的工作，作為終生的職志。

和他人心有靈犀

「大腦多向思考者」有能力可以感受到他人的情緒、閱讀對方的肢體語言、覺察他語調的變化或遣詞用字的改變，便可了解到對方的想法。大多數的「大腦多向思考者」擁有心電感應的能力，可以了解對方的情緒狀態、懷抱的期望和腦中的思想，這一切都是自然發生的。雖然有的「大腦多向思考者」不知道自己擁有閱讀他人的能力，但自己還是會不自覺地使用它。但如果對方是「大腦多向思考者」不感興趣的人，或者一般人知道「大腦多向思考者」能閱讀他人心思時，擁有這樣直觀法並不是件好事。

克莉斯汀剛好告訴我一個故事：「前天，開車經過我一位女性朋友的家，要還書給她。剛好她不在，是她先生開門的。可是這對夫婦剛好正處於協議離婚的階段。她先生認為他的太太都是被朋友帶壞的，尤其是我。當他開門看著我時，瞬間我可以感受到他的憤怒。突然間，他開始發洩心中的不滿，可是不敢對我大小聲。我只是冷冷地直視著他，他可以感受到我看穿了他。我的確看出了他高漲的憤怒，不滿的情緒。當然，我趕緊離開他家。但是後來，我的確花了很長的一段時間，來抒解他傳遞給我的負面情緒。」

由於「大腦多向思考者」很容易猜測到人們心思的動向，他們也會以為我們「一般人」都可以了解到他們的想法。但是大多數「一般人」不會閱讀肢體語言、不去猜測別人的想法，也比較冷靜沉著。但對於「大腦多向思考者」來說，當他們看到「一般人」冷眼旁觀、漠不關心的態度時，會感到訝異，認為「一般人」冷漠的行徑是存心蓄意的，這也的確傷了他們的心。總結來說，「大腦多向思考者」若冀望「一般人」可以如他們一樣善解人意，這簡直是緣木求魚，不可得也。

任何事都逃不過你的雙眼

安妮說：「一切我都看得很清楚，我什麼都知道。任何事都逃不過我的雙眼。我可以很清楚知道，我們當中有誰沒洗澡，昨天跟今天是穿同件衣服；還有誰沒刷牙、沒擦鞋、誰身上的褲管洗到稀爛、誰衣服上少個鈕釦等等，我都知道。我觀察一個人時，不只是看他的全部，也看身上所有的細節，即使是最細微的部分。舉凡人們的穿著、站姿或說話的方式，他們的每個細節都逃不出我的雙眼。事實上，並非是我想要觀察別人，我是不得不這樣做。這股觀察的驅使力勝過我個人的意志。即使我不對人說出我所觀察到的事，這樣的感覺還是很困擾著我。如果我發現有人會自己騙自己，或困限於糾纏不清的矛盾中時，當下我會義正詞嚴地指出他們試圖逃避的問題，或者他們不願意面對的答案。因此，有人跟我在一起時，會感到很不自在，知道我敏銳的觀察力會讓他們陷入窘境。一旦我發現問題或警訊時，我會不加思索地說出癥結所在。通常事情發生前，我便可預知結果。但是這種『未卜先知』的感覺實在讓我很困擾與疲憊，甚至產生孤獨感。」

只有很少數的「大腦多向思考者」可以從「心靈感應」的能力跨越到「超洞察力」。「超洞察力」的意義是指當事者「頭腦很清晰」地看清楚每個事件。這可不是魔術或騙人的玩意兒。因為這能力所展現的就是「大腦多向思考者」細心地觀察所有微小的細節，直覺地將這些瑣碎的事件串接、拼湊起來。然而當下大家對於這些事件絕對不會輕易地發現它們之間的關連性。

安妮繼續說道：「有一天我參加了一個派對，有對夫婦整個晚上看起來非常恩愛，可是我並沒有感覺到他們很相愛。原因呢？我不知道。這只是我的直覺罷了。因為他們整個晚上都沒有交換一個關愛的眼神或溫柔體貼的舉動。通常我這麼說時，有人會馬上反駁說：我不同意你的說法，你為什麼總是那麼悲觀。我覺得這樣的夫婦到處都有啊！他們並不是唯一的一對。幾個星期後，這對夫妻因為一些問題，分居了。大家都感到很驚訝。」但對於像安妮這樣的「大腦多向思考者」則會感到特別沮喪，因為她預言了這對夫婦的婚姻，彷彿自己就像個不祥的人，帶來了災禍。讓大家覺得有「烏鴉噪，禍來到」的感覺。

因此，有很多「大腦多向思考者」會避免告訴人們自己察覺到的事情。雖然在事件發生前，他們會看到、聽到或察覺到很多的情況，但最後會選擇保持沉默。原因是「大腦多向思考者」不想因為人們不相信他們所說的「預言」而發生爭吵。就像卡珊德拉公主的遭遇一樣。

卡珊德拉症候群

卡珊德拉是特洛伊城內一位美麗的公主。她的父親普里阿摩斯國王擁有特洛伊城（Troie）和赫卡柏城（Hécube）兩大城。同時朝中許多忠心的臣子協助他的父親處理國家大事。這些朝臣們都夢想著有一天可以迎娶美麗的卡珊德拉公主為妻。甚至連阿波羅神也愛上了這位公主。這天，卡珊德拉公主同意阿波羅神的求婚，但她有要求：就是要阿波羅神教她占卜術，阿波羅神答應了。然而，卡珊德拉公主學會了占卜後，就改變主意，拒絕阿波羅神的婚約。阿波羅神為了報復公主，詛咒她：卡珊德拉公主所占卜的預言，將會沒有任何人相信。故事的最後，儘管卡珊德拉公主成功地預言，從巴利（Pâris）到斯巴達（Sparte）的旅程中會發生木馬屠城的事件，自己的國家將會滅亡，但是城中沒有一個人相信她的話。

因此，我們利用「卡珊德拉」這神話來形容有些人能預知未來後，但卻落得無人相信的結果。相信許多「大腦多向思考者」對於卡珊德拉的故事，都很有同感。他們很清楚地知道未來會發生什麼事，但卻無力避免或阻止不幸事件的到來。以下我們要解讀「卡珊德拉」這故事背後所代表的意義。

首先，第一種解讀是「大腦多向思考者」當他們知道過多的事實時，會有「高處不勝寒」的感覺。因為他們希望大家對他所言之事，能夠當真，以避免發生不幸的事情。但若遇到身邊的人不相信他時，他即會陷入孤獨與難過之中。人們會把他當成烏鴉。然而，一旦預言成真時，有些「明智之士」並不會想到「大腦多向思考者」曾提出的警告。反而，那些人的反應通常是尖銳無情的，即使「大腦多向思考者」在事件發生後說：「我已經告訴過你（們）了」。

第二種解讀是「心有餘而力不足」的感覺。「大腦多向思考者」明明知道他所做的事（預言）是正確的，但沒人願意相信他。日本有句諺語說：「會敲釘子的東西，叫做錘子。」[12]他有著深深的無力感，卻無法改變即將發生的事實。因此，「大腦多向思考者」為了不被眾人排擠，會隨著大家人云亦云，迷失在茫茫人海中。因為他們害怕被嘲笑與排擠，即使知道有問題，還是會選擇跟人群吶喊一些似是而非的事，大家像似「一群狼大聲嚎叫」。然而，影星克勞德 • 范達美（Jean-Claude Van Damme）曾說：「雖然我用大眾娛樂的方式，來跟大家一起說說笑笑、打打殺殺。但透過我的電影，會傳達出我想說的話。」他是以另一種方式來呈現個人的意見。換句話說，一位娛樂大眾的丑角也可以是一位深沉的智者，他說道：「在人云亦云中，真相終究會浮現！」

另一種解讀預言的說法是阿波羅選對了對卡珊德拉的懲罰，因為她的確需要建立說信於人的能力。

12當頭棒喝之意。

所以，卡珊德拉發現到一個殘酷的事實是：自己即使擁有精準預言的能力，但她卻無法取信於眾人。她覺得自己需要在人群中發揮個人的魅力，說服大眾關注預言未來的祕密。在人云亦云的世界中，請你們不要低估「說服大眾」的微渺可能性。即使眾人都認為該事件將會每況愈下，但你所發現的具體事證並非如此，無法力挽狂瀾將大家帶回到客觀的事實當中。這情況如同於承平盛世之時，沒人想要聽警世明言的道理，群眾像得到鐵達尼號症候群。但請記住：當一個小小的想法被大家廣泛地討論時，就會形成集體共識，這樣共識的聲音有時會大到將任何反對的聲音掩蓋住。

如果「大腦多向思考者」遇到如卡珊德拉的狀況時，可以用以下的方法，將你正面的經驗影響他人，使人獲益。但也請注意：有時因為我們發現了一些不正確的線索，造成不正確的推理。因此，我們須從經驗中學習如何正確預測未來，不要妄加揣測。勸告好友的方式，例如小心地不要先說出你預先感覺到的事物，讓人們按照自己的步伐往前邁進。一旦你發現未來這事情可能會一發不可收拾，可以試著提醒親友們，但也要很小心拿捏分寸。如果你的親友不願聽你的建議時，請趕快收手，不要再說下去。或者有時你也可以使用發問的方式，來提醒親友們忽略的重點。希望「大腦多向思考者」能正直坦率地勸解你的朋友，但也不忘觀察他人的反應，適時地如神探可倫坡[13]，提出問題幫助他們反省思考。例如建議朋友時，可以用如下說法：「你可以把洗衣機放在陽臺上，這樣一來，你的空間會增加很多，而且也方便排水，你覺得呢？」

只出現在我眼裡的事物

由於「大腦多向思考者」很怕會被別人視作「瘋子」，他們會小心翼翼地查探朋友們是否會接受他們所提出的建議、會不會懷疑他們所說的話。再加上「大腦多向思考者」會經歷一些超自然現象：例如，心電感應、預知未來、感受純淨的愛與和平的境界、看透事物的本質，與大自然融合的狂喜等等；有的人還會看到靈氣光環，察覺到靈異現象，或看到他人的前世今生……由於如此，他們會常常遲疑要不要說出他們的經歷。

我的諮詢者彼得遲疑了很久，終於對我說道：「有一天，我一個人坐在黃花遍野的樹林裡。看著美麗的風景時，我逐漸進入冥想的狀態。突然感覺到自己被美麗的黃花團團圍

13《神探可倫坡》（英語：Columbo）是一部著名的美國經典電視電影系列，由彼得•福克（Peter Falk）主演。

住，成為黃花樹的一部分。我感受到平安喜樂，覺得宇宙無邊的愛在我身上圍繞。說實在的，我覺得這個體驗真的很困擾我，到現在還很難說出口。」

吉兒・保得泰勒，她是一位理性的科學家。在經歷中風的那段期間，她感受到意識擴張的神祕經驗。她描述自己與宇宙融合的感覺，也提及與其他形態的生命共同沉浸在宇宙大愛中的體驗。

我想要再次強調的是，以上所述並非藉由什麼魔力而造成。若以科學的角度來看，彼得與黃花兩者是可以兄弟相稱，因為在人類的遺傳密碼中，有四種核苷酸是與地球上所有的其他生物相同。若要與大自然融合、與萬物接近，即使是蒼蠅也好、植物也罷，你只需意識到他們的存在即可。由於「大腦多向思考者」四面發散的思考方式，使得他們可以感受到自己是屬於宇宙中的一部分。也正因為如此，他們會對於各種形態的生命懷有極大的敬意。

除此之外，物體是由原子組成，所有的物體都只是在能量海中移動的原子結構。若我們真的要說「人」與「桌子」的差別，那就是幾個原子與振動頻率的差別而已。從無垠的世界觀來看，頻繁使用我們大腦的右半球可以說明神祕經驗的現象。吉兒・保得泰勒說她中風後，所看到的現實世界變得更加清楚。四周的環境如同一幅印象派的畫作，她所看到的大海，是無數的點點繪製而成；浮動的波濤如點狀的移動。她看到的影像甚至可以達到畫像元素（pixels）的單位。我覺得使用印象派的畫作，最足以說明「大腦多向思考者」的感受。但要注意的是「大腦多向思考者」通常是非常謙遜的人，而且不認為自己擁有與眾不同的看法。因為他們了解到自己如此渺小，微不足道。

「大腦多向思考者」會接收到他人的負面情緒如排山倒海而來，使得自己無法喘氣。因此他們會覺得有時這些超自然現象會如做夢般的真實，自己常無法分清現實與虛幻的差別而陷入迷惑。

在我諮詢的個案中，的確常聽到超自然能力或靈異玄密的經驗。我確實相信他們所經歷的，但在此，我無意多作描述。

假若讀者中，有人想深入此一主題，可以參閱瑪麗芳瓦•乃姆[14]（Marie-Françoise Neveu）的書籍，將會有更進一步的探討。同時，我覺得量子力學的觀念也可以解釋一些超自然現象。但無論如何，我鼓勵所有對神祕靈異現象有興趣的人，可以依照個人的經驗，按照自己的直覺及節奏，繼續探索「精神」領域。今日我們生活在過於理性、客觀的世界裡，

14請參閱 Les enfants actuels（法文）。

人類以物質交換為主的環境中，使得我們無法滿足對心靈的渴望。因此，我希望大家不要遠離對於五官的探索，也別忘了對於靈性的追尋。

我在前面的一些章節中提到高敏感的五官。靈敏的五官接收器正是開啟你了解浩瀚宇宙的入口處。現在請靜下心來，花些時間去感受五官所接收到的訊息。如水晶般觀察自己的念頭與想法。也許一直有人會對你產生質疑，認為你的大腦跟「我們一般人」不太一樣。但現在正是接受你自己的時候，為你自己感到驕傲的時刻。

現在請你與自己靈敏的五官共舞，建立更多的自信心。你將會發現自己擁有的潛能是如此之大。透過一個人的香水、腳步聲，你可以辨識某人的來到。品嘗一道美食，你可以說出這道菜的內容物。聽到一段樂曲，你可以分辨哪段旋律是屬於笛子演奏的部分。請相信你自己的直覺，讓你的五官盡情自然發揮。相信自己的觀察力，便能記住所有的細目。下一個章節，我們將談到你活躍的大腦右半球。

3 因為總是停不下來的大腦

左腦和右腦有什麼不同？

本章的第一部分，會說明你五官高靈敏性的原因及造成的現象。我邀請你一起來發現你驚人思維的原創性與活動力。

大多數人會認為我們人類的大腦都是相同的，只有一種思維方式。這樣的觀念是不正確的。就生物的層面來說，我們的大腦是由兩個半球所組成，經由胼胝體（corpus callosum）兩個半球彼此相互溝通。

當我在研討會中說明左、右腦的差異時，我通常一開始會先畫次頁圖一：

隨後，我會問與會的來賓：「請說出從圖中，你看到了什麼？」大家通常的回答是：「一張微笑的臉」。然後我又畫另一張如圖二，我還沒轉身前，臺下的聽眾就一起大聲答說：「啊！這張臉有點臭。」

圖一

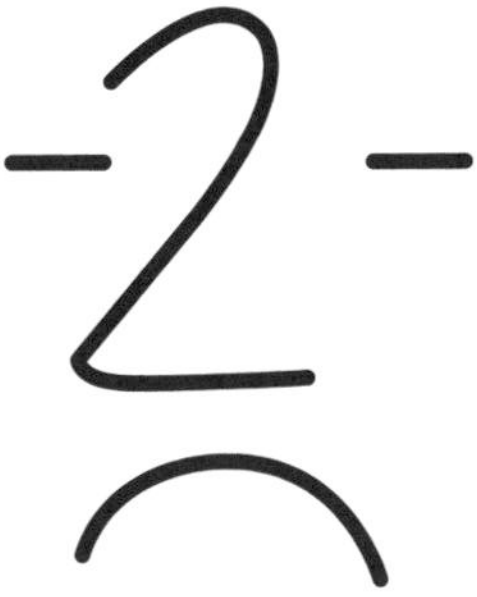

圖二

然後，我又問聽眾：「為什麼你們會覺得這是一張臉呢？為什麼你們說他很快樂或悲傷呢？」這之後的回答就有點複雜了。「啊！就是一張臉啊，因為他有眼睛、鼻子和嘴巴！」，「並不是這樣的啊！我沒有看到眼睛、鼻子和嘴巴。只有三條線和兩條曲線啊！」，「有啊！你看那嘴巴，正在微笑啊！」，「嘴巴？什麼嘴巴？那只是一條曲線！」，「理性的來說，這圖的確沒有一張臉啊！」，「有啊！我們大家都看到了。」根據以上的對話，我們會發現人類的大腦分為左右兩個半球。以左腦思考的人，看這張圖時，會發現只有直線和曲線，更甚至有的左腦主宰者會只看到數字２，那是因為他們只看到符號而已。若對右腦思考的人而言，看這張圖時，會立即說這是一張臉，還是一張有表情的臉。這群人無法說明為什麼，那是因為他們無法善用言語的表達能力。

左腦思考的人，擅於線性的思考、做事情有方法步驟、擅於口語表達及數字處理。他們知道如何定義名稱、描述事件、界定事情先後順序並且熟悉數字及運算。這群人擅長分析、習慣切割整體的事物，成為單一個體，喜歡循序漸進地處理事物。我們也可以說這群人喜好符號、精於抽象分析而且擅於理性與邏輯的思考方式。

以左腦思考的人，當他執行工作時有次序步驟、按時間排列並建立事件的因果關係，推測出不同的結論。但通常他們只會提出單一的解決辦法。當我們大量使用左腦時，當事人會意識到自己的獨特性，激發獨立自主的能力，並傾向個人主義。

以右腦思考的人，享受活在當下的喜樂。他傾向使用五官的感覺來接收訊息，相信自己的直覺與本能。傾向以全面整體的方式來觀察一件事。他也會從最小的細節或單一部分來看該事件，但最終又會回到整體架構的思考模式。通常來說，當他學會某知識時，會無法明白交代他了解的過程。因為他的思想模式像樹枝般呈現多維發散狀。不同於左腦思考者，他有能力提出多項的解決辦法。但他也是一個擁有豐富情感與情緒的人，可以說他是非理性的。他感覺自己是住在一個人類大家庭中，同時也是與其他不同的生命型態共同生活在這地球上。因此，當他看待這個世界時，會以無私和慷慨的眼光來看生命。

每個大腦都擁有它的邏輯，也各有自己的語言。我們稱左腦會說數位語言。數位語言是屬於客觀、邏輯及大腦的語言。它的功能用來說明解釋、翻譯分析事物。顯然在科學上、教育系統中及工商企業裡等等的領域，我們大量使用這樣的語言。一旦使用這語言時，當事人無法透過整體的角度來觀察事件的發展及原因，尤其對於心靈層面的事物，數位語言也無法應用其中。

右腦所表達的語言是屬於類比、相關連性的事物。這個語言會包含圖像、符號及隱喻意義在其中，它是一種整體綜合性的話語，會對於很多事情提出一個總合全觀性的看法。右腦的語言也是表達幽默感與聲音相關的語言。右腦的語言使用者，會說出模稜兩可的話語或者擅於選擇一些特別的用字，喜歡玩雙關語，說話帶有弦外之音。我們可以說右腦語言是個「渾沌」的語言。

你可以看出：由於人們大量使用左腦或右腦，造成每個人處理訊息的方式各有不同（事件），有興趣的事物也不同，並產生不同的想法。我們可以說因此每個人擁有自己的人格特質，左、右腦各擁有自己的個性。所有人的邏輯思考方式及他的心理與心智狀態，都取決於他大腦中推理中心的位置。大多數人是以大腦左半球為主導（約占七〇至八五％的人）。而「大腦多向思考者」則是屬於右腦思考者（約占十五至三〇％的人）。由於人們受到左腦或右腦的主宰，各自使用不同神經系統，衍生出不同的行為模式，彷彿會讓我們覺得彼此是來自不同星球的人。

如果你以為對方都跟我們擁有一樣的思考模式，別人都知道我們在想什麼。舉例來說，我們常認為只要說出隻字片語，對方就會懂得其中的含意。又或者當發生某些重覆雷同的事件時，我們都以為大家會有相同的反應，但是事實並非如此。每個社會都會各自發展獨有的暗碼語言，得以使該社會自然運作，大家共同合作，和睦相處。該暗碼語言運行於當地社會時，彼此不需解釋，便可了解其暗碼所代表的意義。西方社會所使用的暗碼較偏向於左腦使用者所說的語言，也就是大多數人所使用的數位語言。因此當使用左腦邏輯，表達個人的想法時，常會讓「大腦多向思考者」有摸不著頭緒的感覺。

從童年起，「大腦多向思考者」容易受到同儕的嘲諷，因為他們常發生大家難以理解的情況，而被貼上個性乖張、孤僻或愚蠢的標籤。在學校裡，這些「大腦多向思考」的孩子會被抱怨說他們上課不守秩序或不按照老師教課的流程等等。事實上，他們提出的問題是用來釐清自己不了解的地方，但有時問題過於發散，老師會認為這孩子不按步驟、胡亂發問，根本就沒專心聽講或是以為他故意搗亂，影響上課秩序。因此，這樣的孩子在班上常會處於邊緣人的角色。對於「大腦多向思考」的孩子來說，這種被誤解的感覺便讓他產生不安的感覺，認為自己不適應現今社會的人際關係。有時候，在一個輕鬆愉快的談話中，突然間「大腦多向思考小孩」會沉默下來。問他發生什麼事了？是什麼事讓他沉默了？他會為這樣的情形感到很尷尬。因為他自己也不知道在這熱絡的互動中到底發生什麼事了？由於右腦思考者常產生這種「暫時脫離」的現象，使得他們的人際關係變得很脆弱。「大腦多向思考者」實在不明白為什麼對於別人來說看似簡單的事情，但對他卻不然？

這種「暫時脫離」現象，對於「大腦多向思考的小孩」來說，感到最痛苦的時刻是當同儕間說笑話的時候。傑諾告訴我：「我最討厭的事，就是當有人講笑話時，其實我都已經知道這笑話的笑點。所以這笑話對我來說，一點都不好笑。因此，每當我聽到不好笑的笑話或是很差的笑話時，我都必須隱藏住我心中的想法。」

「大腦多向思考者」也是有幽默感的人。但是他們的幽默感都是屬於個人的，甚至一堆「大腦多向思考者」在一起時，也難以分享這幽默感！像傑諾這樣的「大腦多向思考者」認為有趣好笑的事，對於左腦使用者來說，可能會覺得一點都不好笑。

左腦會協助人們實現理想、落實計畫。為了協助「大腦多向思考者」開發自己的左腦，建議你多從事以下的活動：閱讀與寫作、回到學校念書、執行需要集中注意力與精確性的工作，例如做做手工藝品或裁縫。還有從事運動，舉例來說，武術運動可幫助你發展毅力與耐力，使你達到身心平衡。

右腦是主宰我們的創造力。我們要如何開發自己的創造力？建議多多參加藝文活動，所有可以刺激大腦右半球的活動，例如油畫、素描、拼布、黏土、舞蹈、音樂等等。以下的活動也可以幫助「右腦使用者」抒緩情緒並減輕壓力，例如：冥想、放鬆、氣功、太極拳、瑜珈等。多做以上的活動，越能幫助你抒解情緒。

我們神經系統是屬於結構化的，當然我們是有可能開發大腦另一半邊的功能。但首要之務，我們必須盡力先開發原本主導我們行為模式的腦半球，不論是左腦還是右腦而言。

大腦多向思考會如何？

思維呈現如樹枝般的多維發散狀

瑪儂她即將要作一個有關義大利文藝復興時期的報告。她腦中有很多想法。但是她想的題目越多，越覺得不知所措。每次她找到一個新的主題，又會聯想到另外一個。她找到的內容愈多，就愈不知如何是好。因為瑪儂是一位「大腦多向思考者」，缺乏關閉接收訊息的機制。從找到或想到的資訊中，她不知如何做選擇，如何排定這些資料的先後順序？在好奇心的驅使下，突然間飄到眼前的一個畫作，她便想選定這位畫家作為開場白。瑪儂認為這位義大利畫家鮮為人知，應該要幫這位畫家恢復他的名聲地位，她這樣做的原因是由於她個人公平正義的天性使然。可是話說回來，畫家與畫作只能代表文藝復興時期中的一個面向而已。別忘了還要討論十五世紀文藝復興時期中的偉大哲學家。所以，我應該談談哲學家米蘭多拉（Giovanni Pico della Mirandola），可是如果我談他的話，又得要介紹他的作品，而且還不能只談一本著作而已。是不是還要說說其他哲學家的作品呢？她的大腦又想到哲學家伊拉斯（Érasme）的身上。可是如果談到伊拉斯，好像又偏離了主題了。你們會發現瑪儂的思緒是如此發散細膩。突然間，她會驚覺到自己的思緒飄離主題，然後又會重新聚焦。對了，我不要忘記談到美第奇（Cosme de Médicis），他不僅是位藝文科學的守護者，還是位人道主義者與前衛的政治家。

因此，瑪儂又回到那些研究的資料上頭。想像中，她彷彿看到佛羅倫斯廣場上的宮殿入口處那座雕像伸出了他健壯的臂膀。隨著時間的流逝，突然間，她跳了起來，總覺得自己無法完成整個報告的結構。她覺得如果只談到佛羅倫斯的文藝復興時期，那只是一個面向而已，應該還要談羅馬、威尼斯這些城市……唉！瑪儂洩氣了，她覺得自己永遠無法寫完這報告！

當她上臺報告時，內容很可能會過於繁瑣詳盡，在段落與段落間毫無關連性，有的段落闡述過多或過少。當她想提及那被遺忘的畫家時，因為某些緣故，又想到要分享她對哲學家伊拉斯（Erasme）的想法。當她的指導老師聽完瑪儂的報告後，會認為瑪儂沒有說明出文藝復興時期的文化概念，會認為她沒有花時間準備這個報告。我們知道瑪儂很認真，鉅細靡遺地尋找許多資料，但她所花的時間與精力並不會完全地呈現在她的報告上。

像瑪儂這樣的思考模式，我們稱為發散性思考，如樹枝般呈現出多維發散的思考方式。也就是說，你有一個想法會衍伸出十個想法，這十個想法來又衍伸出數百個聯想，形成無限豐富的想像蜘蛛網。這樣的思考模式也正說明你大腦的轉動將永遠不停歇，一直有新的想像大門不斷地開啟。如果你像瑪儂一樣，擁有各式各樣的念頭，建議你充分發掘每一個想法的各個面向，然後別忘了要回到該主題的主軸，雖然有時候你會覺得過於麻煩重覆，但請根據該主題的精確程度，來開發你想像力的延展空間。

透過瑪儂的事件，你可以了解到她擁有非常創意的思考方式。試著想像如果有人雇請瑪儂重建義大利文藝復興時期的生活，她一定會發展出更多的想法，例如飲食生活、服裝飾品、休閒娛樂、公共場所建築等等。以上訊息的聯想發展，都是透過瑪儂所提到過的畫家、哲學家或城市等周遭人物，逐漸組織、拼湊而成。對於「大腦多向思考者」而言，往往是透過一個主軸的想法，收集到周圍發散出的零散資訊，在他們的大腦中會將這些收集到的繁瑣資訊，自動重組。

因此，如果你像瑪儂一樣，擁有發散的思維，我建議你從最基本的主軸發展你的線索資訊。為了不讓你的思緒過於發散。請不時地問自己為什麼要這樣做呢？你的主要目的是什麼？

對於尋找解決方案，發散性的思維方式特別有效。線性思考的方式是連續性的，一個接著一個的想法。但是發散性的思維，在同一時間內會反思出多種思考路徑，而這些思考動作都是在不自覺中立即完成。因此，你會發現「大腦多向思考者」可以迅速提出解決方案，但通常都無法解釋這想法是如何乍現而出的。

我們來談談克莉斯汀如何選定她的居家。她通常在一見鍾情的情況下，就選擇了她要住的房子。其實她也很訝異，那麼迅速的決定，居然可以選中完全符合理想需求的房子。

這房子每個條件都符合克莉斯汀的需求：隔間數目、有壁櫥的房間、還有良好採光。加上附近還有商店、學校，交通便利，完全是個功能設施齊全的公寓。其實這個選擇是透過她大腦收集到的大量訊息，而做成的決定。她以為自己的選擇是一時興起，但其實她的大腦早已收集所有相關的資訊，因此毫不猶豫很快地就下了決定。事實上，這選擇的過程一切都是經過深思熟慮！右腦的使用者，他們的決策是一項藝術，要不非常戲劇性化馬上決定，要不就猶豫不決無法下判斷！

右腦使用者的神經脈衝速度是非常快速。這類人的思考方式是以整體全觀性為主，由於他們的神經元網絡組織非常發達，可以在同一時間內，快速處理多項的訊息，我們稱為如樹枝狀發散的思維。其實發散思維方式是非常有效率的。然而，卻是左腦使用者最能適應西方社會的教育體制。

「大腦多向思考者」需要複雜的思維

發散性的思維不適用於「專心一致」的學習模式。他們的思維是隨時處於自動運轉模式，轉動不歇。會從一個主題跳到另一個不相干的主題，無止盡地周遊於不同的想法中。

「大腦多向思考者」知道他們自己是個夢想家，容易分心而且雜亂無章。這也就是為什麼他們不相信自己是個有智慧的人。舉例來說，突然間他們不知道自己為何來到廚房中，「為什麼我手上有根湯匙，我要幹嘛？」他們會需要一點時間，來找到自己行動的線索。「哦，對喔！我是來拿果醬的！」

羅蘭是一位酒吧服務員。他告訴我說：「我覺得這事太詭異了。當室外區客人很少時，我都必須用筆把這些訂單記下來。不然，一回到室內時，我就忘記了。而且我連心算都不會，還得用到計算機。可是，一旦酒吧裡的客人多到爆炸時，我的頭腦可以記下所有人的餐點，用不著我的小本子。我送餐和找錢的速度之快，從來沒有發生過失誤。告訴我為何我是這樣的人！」

我可以用氣墊船的比喻來說明發散性思維的運轉模式。「大腦多向思考者」需要有某種刺激讓他們樹狀思維啟動，如氣墊船的閥。也就是他們的大腦需達到某個刺激指數指標後，接收大量的資訊，產生飛快的運轉速度，整個腦的運作達到全速功率。我同意你擁有多麼精緻細微的機器！你的大腦需要大量複雜的資訊來幫助它高速運作。當大腦充分接收到這些資訊時，會加速運轉，同時間你會處於「暫時脫離」現象的邊緣。此時「大腦多向思考者」非常愉悅地享受當下，感到大腦近乎於心理性的高潮。也只有在這個時刻，「大腦多向思考者」會讚賞自己美麗神奇的大腦。

也許有人會對「大腦多向思考者」說：「這個人腦子怪怪的！」當然，像羅蘭一樣，如果你經常分心，注意力不集中，以一般人的想法來評斷你的智力，你當然是一點都不聰明。

擁有發散性思維的人會產生的負面情況

擁有自動導航的發散性思維大腦也有缺點。這樣的思維會突然產生歡愉的感覺或低潮憂鬱的情緒。當你的大腦正在起飛，迎向歡樂之際時，你正想說：「如果是這樣的話，應該會多美好……。」突然間，你的大腦思緒轉向，瞬間切換到灰暗的想法：「但是，最好不要發生……的事情。」正因為情緒如此易變，我們常會將「大腦多向思考者」貼上狂躁症、憂鬱症，或狂躁加憂鬱症的標籤。因為他們的情緒轉換快速而且兩極化！當事人自己也搞不清楚為何突然從興奮的狀態墜入陰霾的深谷中，從開心大笑轉為淚眼婆娑。然而他們的情緒有如一陣風，來得快去得也快。

「大腦多向思考者」的當務之急，即是要好好控制你的精神導航系統。我們可以使用「一邊觀察，一邊思考」的方法來控制你的思緒起伏。首先，請放慢你發散思想的流速。當你的大腦思路開始分叉時，請注意不要讓這個念頭走得太遠。再者，當你的念頭越來越分歧時，請將分歧的想法拉回最初的念頭上。觀察你的思路，嘗試了解你的念頭是如何從最初的起點，走到另一個叉路的過程。

你可以這樣問自己：你思緒的起點在哪裡？這個念頭是要往哪兒去？不停地觀察你的

想法，漸漸地你便可以掌控你的情緒。只有透過管理你的思緒，你才能擺脫情緒的陰霾。

我們舉個例來說：當你正要過馬路時，走在斑馬線上，突然有位魯莽的司機用喇叭聲催促你。這時你的腦中閃過一個念頭，他可能會輾過你。沒錯，大家的反應都會是如此，沒有什麼特別的。通常一般人會深呼一口氣後，繼續往前進。但是，「大腦多向思考者」就不同了。經歷過喇叭聲的事件後，你會繼續聯想下去：「如果我被撞死了？！那關於我個人一切的文件準備齊了嗎？」你的心思開始旅行了，想到銀行、保險的那些文件，還有如何辦理你的後事等等。突然間，又想到你家人難過的樣子。這些想法都會讓你不寒而慄。後來，你想了想又告訴自己說：「唉！應該不會那麼糟，頂多就是受傷吧！」這時一連串的想法又來了：救護車、醫院、因傷停職等等的事情。如果此時，司機更狂按喇叭，你又會開始另一套劇本，想說這事件可能會造成的危險情境。你是個編劇大師，從一個小事件開展出一連串豐富的情節。而這些想法可能會占據你數分鐘到數小時之久。在這段期間內，你一直會是處於壓力與憂慮的狀態中。

一旦你的思緒開始走遠，你要能即時對自己說：「停止這一切的想法，現在什麼事都沒發生，那個司機離我還很遠，我還活著，身體健康，四肢健全。我不會把這個事件與我個人的情緒攪和在一起，馬上離開這現場，把我的創造力用在今晚美好的宴會上。」請學會駕馭你的心靈。沒錯，使用你的能量與韌性來管理你的思緒，堅毅地將這些黑暗的念頭排除在外。關上自動導航的精神系統，切換到你個人手動控制。

你不著邊際的想像，可以讓你在想像世界裡猶如在現實生活中。請別忘了你正面想像力跟你負面想像力一樣強而有力。當你墜落憂鬱或焦慮的思緒中時，請記得重新分配你的情緒資源，用力選擇正面想法。哈桑笑著回說：「你說的這倒是真的，我只要一想到我那四個月的寶貝，我的頭腦就清醒多了。她甜甜的笑容讓我忘了一切的煩憂。」你呢？想想什麼樣的事會讓你的心情變好，毫無後顧之憂呢？雖然發散性的思維會讓你陷入多慮的情緒中，但它也會幫助你幻想幸福到來的喜悅。想想一個人安排令人振奮的計畫時，你是不是不自覺地就快樂起來了，還可能會對自己說：「就只是想像，你就覺得那麼快樂？為什麼？」珂琳正在安排一個全家的度假計畫。她上網瀏覽旅遊資訊、飯店網站等等，看看有哪些古蹟、歷史文物值得全家參觀。

所有的行程，她都安排得非常仔細，每個地點的挑選都是經過深思熟慮。我們可以想像她們全家的假期一定會玩得很愉快，毫無差錯。但她的丈夫很驚訝地說：「珂琳好像來過這裡好幾次了，沒有一個地方她不熟悉的。」沒錯，對珂琳來說，這次的假期將不會有任何新鮮事發生了。

很多「大腦多向思考者」常會有自言自語的習慣，這是為了遏止持續擴張的網狀思考，不要讓自己迷失在多重思路當中。喃喃自語是為了減緩思緒的流動速度，放慢思考的確是可以幫助他們重新組織自己的構思。如果你有這樣的習慣，放心！你沒瘋！它是幫助你舒緩腦中紛雜的思緒。當你自言自語時，記得看看周圍是否有人會聽到你的聲音，或者你還可以想想還有什麼方式讓你放鬆！預先想好當你自言自語時，可以對你身旁的人說：「不好意思，我習慣一個人喃喃自語，希望不會打擾到你。」

時時陷入疑惑和問題當中

你還記得方索瓦說，他在我辦公室轉角處的書報攤上，足足待了三分鐘。僅僅這三分鐘內，他的腦中浮現了將近二十個問題。「大腦多向思考者」發散性思維的確是一個專門製造疑問和產生問題的大腦工廠。

在與「大腦多向思考者」互動過程中，我感覺到最辛苦的一件事，就是他們不停地提出成千上百個問題，還會要求對每件問題做精準正確的說明，我回答到心力交瘁了。但是我知道他們不是故意的，這是天性使然。

他們提出的問題的確是一針見血，而且會要求很清楚透澈的解釋，使得我必須很精準地回答他們。他們所提出的尖銳提問，其實是為了讓自己有安心的感覺。回答的過程中，需要很有耐心地對他們提出辯證、舉例說明，而且還要一再重覆，詳細解釋我的理論。一旦有某個見解可能會成為可信的說法，此時「大腦多向思考者」會說暫停一會兒，然後再想想還有什麼角度可以用來再度辯證該說法。他們常說：「對，你說的沒錯，但是……。」因為「大腦多向思考者」擔心會犯下錯誤而且內心害怕被欺騙，所以會一再反覆確認對方的說法。很多經驗指出，當我與「大腦多向思考者」再次會談時，他們會重覆提出一樣的問題：「你怎麼知道我是一位大腦多向思考者呢？」如此一來，當「不信任」的海浪一來，先前共同搭建的心靈碉堡又歸於一盤散沙了。

在某種程度上，「不信任」的態度是正面的。從絕對的觀點來看，他們所要求的是信念而不是相信。在原子恆動的世界裡，椅子密度也是相對的。嶄新的科學發現可以幫助我們再次審視當代科學中已被討論過的重要論點。因此，如何能讓我們成為一位心靈開放者呢？最重要的態度就是要欣然接受他人的質疑。我們還要感到欣慰的是，在這世上還存在與眾不同的靈魂，他們對於一些習以為常的事物，持續保持質疑的態度！「大腦多向思考者」不僅會質疑他人，也會自我批評。這樣的行為表現出他們的靈活與謙遜的個性。因為右腦思考者可以接受另一種思考表達。同時，提出疑問及確認資訊，這些舉止都是謹慎和成熟的行為表現。

但一切都要適可而止。如果產生過多的疑問與問題，你會不得不質疑這個世界上還有什麼是真實的？若你發現在這現今世上，無一是真實時，你就要問自己這些是不是你幻想出來的想法？你本身存在於一個持續變化與不安全的世界中，因此，一切的變動都會讓你產生疑問。然而你的質疑，在你的大腦中其實也有個人的偏好：我們為什麼會存在這個世界上？我們為什麼會死亡？人生為什麼有這麼多的苦難和荒謬？

時時產生懷疑與問題，因為「大腦多向思考者」的右腦的確需要複雜性的思緒啟動思考。但有些問題的內涵是痛苦的、令人害怕的，而且大多的疑問都是沒有解答。若想進一步了解人生存在的問題，我建議閱讀蘇珊馬克・馬紅（Susanna Mac Mahon）所撰寫有關於心理諮詢的口袋叢書系列，書中以簡單的文字與實用的方法來解答人生哲學的問題，期望能抒解人類的心理壓力。我相信這些「大腦過度燃燒的靈魂」閱讀完此書後，一定會豁然開朗。

因為這個世界瞬息萬變，「大腦多向思考者」會不時質疑自己的思想與信仰價值。用質疑他人的態度來懷疑自己存在的意義，對於自我尊嚴產生疑問，因此容易形成真空的自我。也由於持續不斷地不信任自己，容易讓外來的力量瓦解他個人的中心思想，受到別人的操控。

「大腦多向思考者」是活在現在、過去與未來間的個體

馬丁剛剛看完一場歌劇。他獨自一人站在公園裡露天劇場的看臺上，望著這古老的露天劇場說：「人類自從創造了第一個圓形的露天劇場後，已沒有人能夠再創造出更偉大的建築物了。」

他認為人們長久以來便熱愛戲劇，因為戲劇呈現出人類溫柔良善的一面。他覺得自己彷彿回到了古希臘羅馬時代。穿著長衫，坐在石階上，與古人同坐在相同的星空下，焦急地等待著表演開場。今晚上演的是莫里哀（Molière）的戲碼，但是是以現代的表演手法呈現。主角還沒上場呢！每當戲院裡的人看著臺上人物，哄堂大笑之時，馬丁就想到三百年前正也有一群人在此地看著相同的劇碼，捧腹大笑。他知道三百年後，相同的地點，也會有一群人坐在這露天劇場下，看著相同的劇碼，開懷大笑。

像馬丁這樣的「大腦多向思考者」，他們的大腦常常穿梭於現在、過去與未來不同的

時空中，不斷往返。

這有封六年級小男孩寫給他父母的信，他描述在夏令營的時光：「啊！這兒多麼好玩啊！我真的很想一直待在這裡，不回家。我好希望永遠不要忘記這段快樂的時光。如果我忘了，請上帝幫幫我，記起這一切美好的事物！」從這封信中，我們可以看出小男孩已經知道記憶會隨著時間而淡忘。他寫信時，預期發生記憶遺忘這件事的可能性。再舉另外一個例子，凡妮莎是個三歲的小女孩，她隔壁鄰居是個六十多歲的老太太，提到凡妮莎曾經對她說：「婆婆，當我長大後，我的媽媽會變得跟你一樣老。到那時候，你也不會在這個世界上了！」老太太聽完應該心裡很受傷吧！她巧妙地回答：「親愛的小乖乖，你說得沒錯！」我們可以發現，這小女孩已經理解歲月的流逝及人面對時間的脆弱與無奈。凡妮莎是個早熟的孩子。

孩子憂心忡忡地問道：「媽媽，你有一天會離開我嗎？」媽媽試著安撫小孩說：「當我老了的時候，才有可能！」然而「大腦多向思考的孩童」知道生命是脆弱的，每個人都有可能在任何時刻死亡。對他們而言，這焦慮是時時存在的，無法用簡單的話語搪塞，因為他們的雙眼會讀出你的不確定感。

由於「大腦多向思考者」的發散性思考模式，使得他們會探索每個事件的可能選項，加上他們的思緒常穿梭在過去與未來之間，因此他們所做的決定通常會是謹慎明智的。「大腦多向思考者」在採取行動前，會分析所有選項的可能性，考慮到過去的經驗教訓及未來潛在的影響。在他的認知中，個人是屬於一個更大的宇宙系統，他清楚知道不能獨自一人做決策，同時須考量到所有可能發生的負面影響。通常他們的決定會以生態為首重考量，同時也會滿足人類的社會制度例如家庭或朋友關係，還有考慮到長期、中期及短期的風險。若有些選項會涉及到倒閉風險或可能導致最壞的結果，「大腦多向思考者」將不會考慮這些選項。我們回頭想想可憐的卡珊德拉的故事：由於她個人未經思考的婚約決定，導致後來無法避免的屠城事件。雖然大多數人可能沒想到那麼遠，因為我們一旦從事某行動，絕不後退，也不會對未來有過多的預測。就如我們看動作片時，那些「魯莽勇夫」的英雄們總是奮不顧身，勇往直前，但此刻電影院的觀眾早已看到迎面而來的危險，正為「英雄」捏把冷汗。你可以說「大腦多向思考者」扮演的正是觀眾的角色。

電視上晚間八點新聞正報導：「人們若長期帶耳機，聆聽震耳欲聾的音樂，將會增加耳聾的風險。」畫面上一位年輕女孩正帶著耳機，接受採訪，說道：「哦！知道啊。可是如果一個人時時想到自己的行為可能帶來的後果，那我們什麼都不用做了！」另一位正看著電視畫面的「右腦思考年輕人」驚呼：「怎麼能夠不去時時反省我們所做的行為舉止呢？」

請「大腦多向思考者們」記得我們正活在當下。一旦結束大腦探險漫遊後，請將生活的重點置於當下，一些非當下的事件，請以後再去思索吧！你是一個懂得欣賞藝術美感的人，耳朵擁有敏銳的聽力，能夠聆賞美妙的樂章；你的味覺靈敏，懂得品嘗美食與體驗香氛。因此，請善用你靈敏的五官，好好享受現在的生活。放鬆自己，深呼吸，因為你正活在此時此刻！

大腦如轉動不停的磨坊

「大腦多向思考者」連自己都不知道他的大腦如同一座磨坊，無時無刻轉動不歇。有時我在路上看到一輛很棒的自行車……可是突然間我覺得那個景象好像不太對：那位自行車者好像是被迫地，努力往上爬坡。這個景象可以比喻說明「大腦多向思考者」的思想流暢度並非如行雲流水般順暢，如果他們不知如何善用發散性思考時，如何說明他們流暢的思緒呢？就有如一隻倉鼠在轉輪上跑不停，樂此不疲，沉醉其中。倉鼠的敏捷性和速度感，也讓我著迷不已。

我想磨坊這個比喻說明很適用於「大腦多向思考者」他們大腦轉動的情形。他們大腦就像顆石磨，來回不停地轉動，時時研磨麥子或稻穀。他們的大腦一直處於轉動不停的狀態。如果腦中所研磨的雜糧是好的五穀時，那麼你將會感到幸福。因為你總是不停地想完成腦中安排的計畫目標、學習的內容和未來挑戰。你也很清楚地知道自己是個充滿好奇心、熱愛學習的人。「大腦多向思考者」的大腦總是喜歡儲存許多新的知識。你最開心的事莫過於你的眼前有數個挑戰正等著你。請不要忘記你的優點！

吉萊突然地了解到什麼是「挫折」的感覺，她吸了一口氣說道：「我很早以前就想學英文，可是我身邊的朋友都告訴我說，在我這個年齡學英文有點晚了而且也用不到！所以我就沒去報名上課。但是你知道嗎？我家旁邊就有個MJC[15]，裡面就有安排英文課程。」當我們的談話結束後，吉萊自個兒決定報名英語課。吉萊的選擇是正確的，因為當石磨空轉時，空虛無聊便會即時入侵，你的心情很快地便會抑鬱不振。我們常聽到很多「大腦多向思考的孩童」說道：「學校上課真的很無聊，我什麼也學不到。」這是因為他們的大腦石磨中缺乏許多不同的穀粒轉動，因此覺得課堂的學習很無趣。有的孩子甚至會很沮喪。

15案註：MJC (maison des jeunes et de la culture) 青少年文化中心。法國每個社區會設立青少年文化中心，中心裡提供許多不同的活動與課程。

我相信許多長期憂鬱患者的成因，是因為只餵養他們的大腦白日夢，而且讓它空轉不停而造成的結果。

我們也可以使用「智能厭食症」或「智能營養不良」等術語來說明「大腦多向思考者」的大腦缺乏精神食糧的情形。最好的方式是讓「大腦多向思考者」一直保持忙碌，覺得自己很有用，不時學習新的知識。這樣一來，他們可以提供良好的精神食糧予石磨大腦轉動，才不會陷入低潮憂鬱中。

最後要說的是，當我們擁有一座超強生產力的磨坊時，請注意不要讓任何人把沙粒擺入我們的石磨大腦中，因而會造成不正常的運作。可能有的「大腦多向思考者」會轉變成為自戀者，有的會變成精神障礙者。通常來說，「大腦多向思考者」是位勇敢而且有效率的人。能夠面對困難及複雜的情況，他們從來沒有遇過一個問題而找不到好的解決之道。但是如果他們遇到惡劣的操縱者，以欺騙、謊言、自相矛盾或瞎搞的方式，扭曲篡改該問題或事件的內容，這群人則會被利用。因為他們天生相信人性本善，無法想像會有謊言、惡意的存在。如果他們日子過得愈順利，愈不能理解世上有壞人這件事。因此，「大腦多向思考者」若在被過度傷害的情況下，可能會轉變為瘋狂的人。

妙不可言又反覆無常的記憶力

關於「大腦多向思考者」的記憶力，他們各有不同的想法。有時候，他們覺得自己的記憶力好到令人難以相信；但有時候，又覺得有「一問三不知」的空白感。

「大腦多向思考者」可以記得很多事物，例如對話的場景、衣服的細節，好幾年前無關緊要的談話內容等等。可是一旦要「大腦多向思考者」記憶一些重要但索然無味的數據時，他們的大腦馬上不聽使喚。沒錯，你無法讓這顆反叛的腦袋記住平淡無奇的資料！請問「大腦多向思考者」的記憶體是如何運作？

如果現場的情況是風平浪靜的話，大腦會自動接收訊息、儲存並分類。這些資料會存放在方便取用的地方。一旦有需要時，大腦會自然浮現這些記憶，有時候也會產生樹枝狀發散的聯想能力。例如說：剛剛我們談到蘇菲阿姨嗎？「大腦多向思考者」會立即到有關於蘇菲阿姨的資料夾裡取出所有的訊息——蘇菲阿姨在她女兒婚禮上所穿的晚禮服，或者蘇菲阿姨曾說過的無關緊要的話，還說出她的近況等等。「大腦多向思考者」會自然而然地說出一堆事，對他們來說這一點都不困難。可是，如果你要他說出一些具體的事件，他又會忘了。如果你特別施壓於他，他的記憶力便會卡住，說不出話來。

當我們談到「大腦多向思考者」的學習與記憶時，一如既往，都是以他們的「心」為重點。如果他覺得這科目有趣好玩，就會學得輕鬆愉快，毫不費力地記住所學！還有如果他發現老師教學認真，熱情友善，自然就會放鬆學習！一旦他發現學習是件有趣的事，那麼訊息將被自動儲存，不費吹灰之力。

若「大腦多向思考者」不喜歡某個學科，則是因為他覺得該課程內容不實用或是老師冷漠無趣、不友善，他的學習力自然會下降。有時家長或教師會用說理的方式，對他說明該科目的重要性。這樣的方式對「大腦多向思考者」來說，是不會達到效果的。如何重新燃起他們的興趣？學習時，要賦予該學科另一種意義，告訴自己說這科目應該會有用或應該會很有趣，找到一個理由說服自己。

很多「右腦思考」的高中生，覺得高中畢業考的考試科目，內容荒謬而且脫離現實生活。他們認為會考這件事本身缺乏意義。如何幫助他們找回會考的意義？一方面，身為家長或教育者的我們需要告訴學生們實際生活與課程內容間的相互關係，賦予「學習」新的意義。或者我們也可以告訴這些「大腦多向思考的高中生們」，請把高中畢業考當作電腦遊戲，因為他們不會在過關斬將的過程中，質疑找一把寶劍、戒指或靈藥仙丹等東西之間相關的意義。對他們來說，最重要的事情是得分，才能到達另一境界。因此，學業就像玩電腦遊戲一樣。如果你不喜歡這科目，還是可以認真學習，只是為了將來可以做不同的事，現在要做的事就是須取得必要的分數。因此，高中畢業考只是一個關卡而已，一個邁向我們期待生活的關卡。每個科目通關成功，才能算大功告成。我們當然希望可以更改某些學科，但現今的關卡就是這些科目，我們得要闖關成功才行。

最後，「右腦思考者」的大腦喜歡接受挑戰。因此，現今枯燥無趣的學習方式，本身便是一種挑戰，這樣或許會激起他們的學習興趣。

如果你想刻意地儲存某些記憶的話，你就得自己創建相關的影像畫面、格言用語或聯想群體，可以讓你與其他的訊息相互連結，如圖片、故事，好笑的特徵或順口溜等等。舉例來說，我們想記起一個人的名字，可以與他的外表樣貌連結，特別胖的人叫做「小胖」；法文的「cheminée」是壁爐、煙囪之意，英文的煙囪叫「chimney」其發音類似中文的「清理」，英、法文是同個字源，可以使用「煙囪、壁爐髒了需要清理」的聯想方式把三個語言連結起來。找到聯想的方式來記憶學習，我們稱為符號記憶法。最後，要幫助你的大腦集中注意力，不要讓它忽然產生「暫時脫離」的現象。你的大腦需要同時處理多項事物加上大量複雜性的資料，這樣才能啟動你的學習機制。舉例而言，身體動一動是為了學習走路，播放音樂可以幫助你集中注意力。「大腦多向思考的兒童」從小便有這樣的能力，能在同時間內處理多項工作。但這樣的行為也會讓你的父母感到困惑：我的孩子在做功課時，會同時看電視或上網聊天，有時還會加上聽音樂等等。更小的時候，這些右腦兒童可能會在床上一邊翻跟斗，一邊讀書呢！一心多用，對於「大腦多向思考者」而言，是非常有效的學習方式。如果你是右腦使用者的父母，請別太擔心。

「大腦多向思考者」尋找到記憶（已儲存的信息）的方法是既簡單又複雜。簡單的是，你的大腦中已經有這些資料的存在，你只需自然地取出而已。要注意的是你不能對自己儲存的記憶感到任何絲毫的懷疑，而且請不要再重新檢查一次自己的記憶。若你這樣做，你會對你的記憶產生疑問。這裡有個例子來說明「大腦多向思考者」的記憶：電視上有種問答遊戲的節目，當主持人問完題目後，如果參加來賓知道答案的話，會毫不猶疑地立即說出，請按照這樣的方式來發揮你的記憶力。我相信有時題目還沒問完，你就已經知道答案了！

愈懷疑你的記憶，你就愈猶豫說出口，愈會自我抑制。當你懷疑時自己的答案時，你就開始尋找其他答案的可能性，但你就是找不著其他的答案。然後你就會回答說：「你不知道。」奇怪的是，其實答案早已自然地浮現在你的腦海中。我知道你想給百分之百正確的答案，但有時若只有九○%的確定性時，請你也說出來。我想要說明的是「大腦多向思考者」的確有超強的記憶力，請不要懷疑你的第一個直覺。

「大腦多向思考者」雖然擁有一個高速自動導航的大腦，但本身卻缺乏毅力與耐力。儘管我們都知道「沒有人是完美的」。但他們需要投入更多的時間與精力在培養耐心與毅力上頭，以幫助他們學習。

「大腦多向思考者」的睡眠品質

無論白天或夜晚，「大腦多向思考者」的大腦是無時無刻處於沸騰滾動當中，如同前面我們所提到的磨坊比喻。很多「大腦多向思考者」在睡覺時，經常做複雜的夢或惡夢，容易被驚醒，精神焦躁不安。這些夢境對他們來說，都很真實，所以他們會覺得整個晚上都沒睡好，一直處於淺眠狀態。他們的大腦就像一臺待機的電視機，只要有絲毫的動靜，立刻被驚醒。若「大腦多向思考者」沒有患上慢性失眠的病症的話，其實以上描述的淺眠狀態並不是很嚴重的事。通常他們只要需休息很短的時間，便可擁有異於常人，難以置信的精力。

他們當中還有人會很不情願地上床休息，認為睡覺是種浪費時間的行為。我建議白天時，「大腦多向思考者」可以午睡片刻，以補充夜晚失眠的情況。

讓・馬克是名記者。他告訴我：「其實我已經失眠好幾年了。報社辭職後，我待在家裡工作。整個晚上，我會寫書、看書或是整理文件，盡量找到事來做幫助我入睡。有時候，我會一整夜沒睡，直到我太太起床做早餐。我覺得鬆弛療法與艾瑞克森（éricson）的催眠術可以幫助我找回睡意。關於睡得好這件事，我讓我自己入睡的方法是：當我有睡意，大腦卻仍全速運轉中時，我會下個自動睡眠模式指令給大腦：『大腦，你想繼續轉動，好！沒問題，幫我找找下篇文章的寫作主題！』想著想著，磨坊的渦輪，發出了呼嚕呼嚕聲，我也進入夢鄉。還有我會在床頭擺上記事本和一枝筆。一覺醒來，我便可以盡快將我夢中的想法記下來！」

缺乏血清素

確實，睡眠不足的確會影響日常生活的作息，不論身體或心理方面。有時有的人還會患上憂鬱症。「大腦多向思考者」常經常遇到的問題，即是個人情緒紊亂、食欲不佳還有睡眠品質不好的情況。

產生以上身心靈紊亂的原因，會與個人的血清素不足有關。因為血清素是一種氨基酸衍生物，直接地影響到人體的睡眠品質。血清素在神經系統中扮演神經介質的重要功能，調節個人的情緒、情感、睡眠、性生活及飲食習慣等活動。當一個人可能產生憂鬱症、強迫症、暴食症或失眠的症狀時，都應與血清素的調節系統產生故障有關。

我們可以透過下列的方法，增加血清素的濃度，幫助你找回平靜的情緒、舒適的睡眠，並有效地控制食欲。

- **蛋白質：**提高血清素濃度的首要方法，應多食用以下富有蛋白質的食物：肉類、家禽類、魚類、奶製品、豆類、堅果等等。攝取足夠的蛋白質可以達到幫助，切記飲食正常，避免暴飲暴食。當血清素濃度降低時，你的身體會想吃點含糖的食物，如果你喜歡吃甜食，請勿過量。
- **多運動：**當我們運動時，中樞神經系統會釋出大量的血清素，濃度因此增加。可想而知，好心情的良師益友即是多多運動。許多「大腦多向思考者」也同意大量的運動會幫自己恢復心情，不然整個人會變得抑鬱消沉。
- **安排計畫：**多巴胺，也可稱為「製造新鮮感與興奮感」的激素。多巴胺可以幫助血清素的合成。如果「大腦多向思考者」一直孕育新的計畫、設立目標，會有效地幫助你對抗憂鬱和苦悶。但也別忘了「壓力」則是血清素的敵人，不要讓計畫過多，反而讓你產生壓力，導致無法休息，時時處於緊張的狀態。

- **放輕鬆：**擁有高敏感度的大腦杏仁核是「大腦多向思考者」的特有現象，所以常會處於緊張壓力的狀態。最重要的是要學習放輕鬆，管理你的壓力，建議可以採用：放鬆療法、催眠、瑜珈或冥想等活動。同時，這些活動也可以幫助你改善睡眠品質。

另外，非洲有種植物叫做加納（griffonia），認為可有效地提高血清素的濃度。該植物可改善個人的情緒與睡眠品質，使你遠離藥物的治療，例如安眠藥或抗憂鬱藥。

最後要說明的是，以上我所提出的建議，都是基於幫助「大腦多向思考者」能找回良好的心情與擁有舒適的睡眠品質，但並非所有的方法都經過科學的驗證。還需說明的是，有些人因為遺傳的因素，因而缺乏血清素，他們終身須一直食用抗憂鬱藥物。此外，有的人會因為其他相關缺陷或病症的緣故，缺乏血清素。因此，當你採取以上步驟時，請諮詢醫生的建議。

「大腦多向思考者」的五官擁有敏銳的感受、過於情緒化，加上發散性與反覆不定的思考，都會對日常生活帶來不便。我們也建議使用順勢療法（homeopathy），可以幫助右腦思考者降低焦慮感及防止憂鬱症；同時也可以減少身體、精神的疲勞並舒緩壓力。如果傳統典型的醫療方式對你來說過於複雜，也許你可以考慮順勢療法，幫助了解你現在的身心靈狀態。

不同樣貌的「大腦多向思考者」

腦力過度開發困擾者

「保護高度腦力開發困擾者協會」，根據法國一九〇一年設立協會法，成立於二〇〇三年。該協會的宗旨是幫助「大腦多向思考」類型的人適應於當今社會。他們發現到由於「大腦多向思考者」的心智過度開發（俗稱：天才）因而產生個人心理或身體上的苦痛，有的還可能造成身心障礙的狀況。若「大腦多向思考者」無法了解到自己身心所承受的問題，便無法理解他們生命中常遇到的苦難，例如五官接收過多周遭生活所帶來的刺激訊息、容易缺乏自尊心、常陷入憂鬱或是受到他人利用等狀況。我引用「保護高度腦力開發困擾者協會」其臨床經驗的結論：「由於高度腦力開發者長期處於反覆的思緒狀態中，造成當事者有難以融入社會的情形。本協會旨在協助已成年的高度腦力開發者重新整合自己的思緒，融入社會組織並欣然地接受自我的存在。雖然當中有許多人在工作上遭受阻礙，我們可以幫助他們減少憂鬱沮喪的現象並控制自己漫遊的思緒，希望有一天可以克服這些障礙。」

一旦「大腦多向思考者」知道自己承受何種的痛苦，便得以理解這整個世界。與此同時，該協會也希望消弭大眾對「大腦多向思考者」的負面形象。不建議再使用「優越」、「天才」等等的字眼來標籤「大腦多向思考者」。該協會希望大家可以了解這種不同大腦思考方式的差異和痛苦。該協會非常有心，不但敞開大門歡迎所有「頭腦發熱」的人加入，同時也提供「降溫你的發熱頭腦」手冊幫助有需要的人，不時舉辦「相互支持，心情分享會」等活動。

「腦力過度開發困擾者」（PESM）這名詞很有趣，並非是指那些「天才」的人，而是指凡有「一顆大腦過度燃燒的人」，這些人表現出來的特徵，會有以下的樣貌：

- **擁有靈敏的五官：**這些人因為外在環境過於刺激，例如光線太亮、噪音太大或味道太強烈的化學合成香水味等等，都會造成他們日常生活的不適。
- **思緒堵塞：**這些人由於他們大腦中的資訊既多又繁雜，無法於當下即時處理所有的資訊，進行優先順序，輕重緩急的表述。

- **說話很大聲或有口吃的人：**說話大聲的人，是因為要抓住大腦的快速思緒，也才能穩定自己的情緒。說話有口吃現象的人，是因為他們大腦思緒突然中斷的緣故。
- **高度情緒化的人：**當爭執時，有些人會產生臉紅脖子粗的現象。還有的人，像林黛玉一樣，會平白無故地哭起來。
- 永遠無法滿足個人好奇心的人或者超級要求挑剔的人。
- 特別好動的人、喜歡一心多用的人、有偏執表現的人、自閉症，還有喜歡當別人的情緒海綿，具有高度同理心的人。
- 患有亞斯伯格症狀的人。

亞斯伯格症：特殊的「大腦多向思考者」

金・匹克（Kim Peek），亞斯伯格症，享年五十八歲，於二〇〇九年十二月十九日心肌梗塞過世。雷蒙・德巴比特（Raymond Babbitt）受到金・匹克的啟發，因而執導電影「雨人」這部電影。該片使得一般大眾了解過度自閉症的人可能會有的樣貌，這些人也被稱為「亞斯伯格症患者」。然而，並非所有的亞斯伯格患者都像「雨人」的主角一般，如此地特別。該影片只是讓大家認識到患有亞斯伯格症的人，他們身上會有些光怪陸離的事情發生。

事實上，亞斯伯格症的人往往有相當高的智慧和一顆善良的心。

★亞斯伯格症的典型特徵

一九四四年維也納小兒科專家，漢斯・亞斯伯格（Hans Asperger）發現有一群兒童擁有不同的特徵樣貌。這群孩子會有異常的激動現象，對於某些事物特別偏執：例如水塔、電池、電車等等。尤其對於有興趣的事物特別認真而且很激動，還擁有獨特記憶數字的能力，因此造就這群人之後會擁有該項的專業技術，並可能在該領域上成為學者專家。值得注意的是，有的亞斯伯格小孩在年紀很小時，便擁有某領域的專業能力。他們的熱情相當驚人，舉例來說，大衛從五歲起，特別想知道所有關於拿破崙的故事還有他打過的仗等等；莉婭從四歲起，便對人體的骨骼特別著迷，她可以說出人體骨骼的大部分學名，甚至如股四頭肌、膝蓋後方膝窩處（膕窩）等冷門的學名。她還了解鳥類、小雞等動物的骨架。

亞斯伯格症小孩的熱情，從頭到尾末曾改變過，長大之後，他們會以自己強大的熱情與趣作為成年的職業。除了對於某些事物有特別的熱情外，亞斯伯格症小孩還擁有特別的語言能力，會使用困難的詞彙和複雜的語法，有時候還會說話過於八股。但是亞斯伯格症的人會有的問題是，無法融入人群當中與同儕相處。另外，亞斯伯格症的小孩雖然擁有特殊的記憶力和學習力，但卻無法集中注意力，常處於高度焦慮的狀態中。有的亞斯伯格症的人會常常重覆日常生活的步驟，逐漸成為強迫症患者。

通常，這些孩子的臉部表情會非常特別，與人四目交接時，可能出現逃避他人的眼神或死盯著對方看。他們走路的姿態及四肢動作也有不協調的情況，看來傻里傻氣。亞斯伯格症的人對於某些事物會特別敏感，舉凡聲音、味道、香料或觸摸某種材質的布料時，他們表達感受的方式也會不同，因此管理自我情緒的方式也異於常人。

亞斯伯格症小孩時時處於焦慮的狀態下。突然間，一個不相關的事件觸發他，可能會造成一場情緒風暴的來臨。有時候，我們預期某個突發事件會觸發這孩子的情緒，但他可能只是冷漠地看待該事件或整個人處於暫時脫離的狀態中。

亞斯伯格症狀通常會發生在男孩身上，其亞斯伯格症男女比例大約是八比一。女孩患亞斯伯格症的比率較低的原因之一是，女孩們有興趣的事物較不令人為奇，例如她會比較喜歡小馬或芭比娃娃，所以我們不易察覺是否有亞斯伯格症。二來，女性的焦慮感會比男性低。有些心理學家提出一個假說，所謂的高敏感度的男性大腦，是強調於「系統化」的能力；而就女性來說，則傾向於「感同身受」的能力。

★為了適應這個社會，他們竭盡己力

有的人認為所謂的自閉症，就是當事人無法與外界溝通，無法與人交談。我認為以上的見解是大錯特錯。有這樣想法的人既不了解他人又不理解整個現實世界。自閉症的人無法與外界溝通，這樣的疾病其實是來自於當事人的遺傳基因，造成大腦的功能失調。

經過多年來與許多「大腦多向思考者」討論他們的身心發展狀況，我會用不同的角度來解讀他們。舉例來說，自閉症的人不與人互動的原因是為了「保護自己」。一旦他超敏感的五官接收過多外來的資訊（刺激）以及過多他人強烈的情緒時，自己會承受不住，產生激烈或自閉的行為。吉兒・保得泰勒（Jill Bolte Taylor）描述到，當她大腦中風的那段期間，感覺自己每天都過得像亞斯伯格症患者。她坦言有時候會想與某些人隔絕，那是因為她感受到這些人緊張激動的情緒，壓力掏空了他們的能量。亞斯伯格症的人大多是屬於右腦主導的人嗎？值得一提的是，這些患有自閉症的人，其實是非常正直誠實而且遵守規則的人。對於細節，他們擁有異常敏銳的觀察力與特殊的記憶力。從小時候開始，常因為亞斯伯格症患者的直率應答，被批評是個直言無禮的人。那是因為他們擁有強烈清楚的邏輯力，他們的回答事實上都結合了客觀的事實與真誠的話語。

「媽媽，為什麼你要叫我對隔壁的鄰居好一點呢？可是你昨天跟爸爸說我們的鄰居是個長舌婦呢！」我們可以理解到這孩子的坦率真誠反映了不和善的鄰居關係。由於孩子的直率邏輯思考，大人們萬萬沒想到會收到這樣嚴厲譴責的壓力。

由於亞斯伯格症的小孩試著想要去了解這個世界，但無能為力，因而大量地承受外在不知名的壓力，結果是感到非常疲憊，最後，只能把自己關在寧靜豐富的內心世界中。你認為自閉症的人都只是沮喪的表現？

我們常會批評患有亞斯伯格症的人不懂得去閱讀他人的表情或語調，不會猜測他人的心思，不了解他人當下的情緒等等。然而，對於亞斯伯格症的人而言，「同情心」是不成熟的行為，這是因為他們無法分辨善意行為與表達關懷他人的不同情緒，也無法區別存心有意的事件及突發意外的事件，更無法分辨對方的行為是屬於善意還是惡意。記得我曾提過許多「大腦多向思考者」無法察覺出存心不良的人。根據他們的邏輯，「不懷好意」是一點都不具生產力的行為。諷刺嘲弄的話語會深深地傷害亞斯伯格症的人並且會激怒他們。因此，很多有智慧又誠實的亞斯伯格患者很難理解言不由衷的表現，而且無法適應大多數人既不合邏輯又不誠實的矛盾人際關係。最後我們想要問，這世界上到底誰是不正常的人？是那些所謂憤世嫉俗，無法接受非邏輯驗證，也不說謊的亞斯伯格症？還是那些擁有「差不多」的價值觀與「粗略推理」邏輯思考的一般大眾呢？

一旦亞斯伯格症的孩子知道自己與其他人的不同。他會對所有事物，採取一種自我批評的態度，逐漸地走向憂鬱。最後，逃進想像的世界中。當面對同學的欺侮與嘲弄時，他便會將自己閉鎖在否定與傲慢當中。

有時，亞斯伯格症的孩子會嘗試模仿其他的孩子。因為他們擁有絕佳的記憶力，還有觀察細節的特別能力，有的人還可能成為唱作俱佳的模仿天才。他們模仿別人，有可能換來別的孩子的同情心。但總歸來說，亞斯伯格症的孩子對於人際關係，感到非常的疲憊而且時時憂心忡忡。這也可以解釋為什麼亞斯伯格症的孩子非常需要一個人獨處，他才能自我充電，找回自己的平靜。所以，某些亞斯伯格症成年人，後來會選擇離群索居的狀態，但他們的親友們都無法理解這樣的行為。

當我們專注於描述亞斯伯格症患者的特質時，是否他們也需要接受診療呢？是的，對我來說，這是有必要的。我之所以詳述亞斯伯格症患者所遭受的苦痛，是因為現今社會大眾對這群人所知甚少，尤其在法國。我們了解亞斯伯格症的典型特徵後，可以幫助他們提前準備如何適應社會，並且消除「成為精神患者」的恐懼感。醫療診斷還可以提供他們治療與教育機會，讓亞斯伯格症患者了解實際生活中會面對的困難以及親友對他的支持。不只需要周遭親友對他的肯定與接受，而且也要誠實地告知他接受現在的自我。對於社會價值觀的模糊，使得亞斯伯格症患者無法理解現況，很辛苦地適應這社會上的人際關係。再次說明，親友們要了解亞斯伯格症患者的困難，同時也需尊重他獨處的必要性。

此外，當事人被診斷為亞斯伯格症患者後，也會給他的家人（尤其是配偶）帶來正向積極的改變。因為親友理解亞斯伯格症患者的困難，知道要積極鼓勵並稱讚當事人，而不是給予「無法適應社會」的負面評價。最後，當事人若知道自己是亞斯伯格症患者後，便能更了解自己，重新認同自己的身分，也可在同儕中認同自己。通常來說，同樣亞斯伯格症患者們，可以清楚了解彼此的行為模式，尤其當他們有共同的興趣、話題時，相處更會融洽。

蓮恩・哈德威利（Liane Holliday Willey）提出下列的鼓勵短語來幫助亞斯伯格

症患者，期望他們接受原本的自己並繼續往人生目標前進。我認為她的建議也適用於每個「大腦多向思考者」。我希望可以將下列「鼓勵小語」放在你們經常看得到的地方，如辦公桌上，不時閱讀提醒自己。

鼓勵自信小語（蓮恩·哈德威利，二〇〇一年）

我不是有缺陷的人，我只是與眾不同。
我不會為了討好他人而犧牲我個人的尊嚴。
我是個很棒的人而且還富有幽默感。
我對自己感到驕傲。
我能立足於社會。
當有需要的時候，我會尋求幫助。
我值得受到別人的尊重和接納。
總有一天，我會找到適合我的能力與興趣的職業。
當他人需要時間理解我時，我會耐心等待。
我認同我自己。
我接受我原本的樣貌。

總是想太多的大腦和IQ有關嗎？

「大腦多向思考者」遲早都會對自己提出這樣的問題：所謂的「腦力過於開發」是真的擁有高智商的頭腦嗎？難道我們不用經過IQ智商測試？如何了解「大腦多向思考者」的智力？我個人認為沒有必要，也不需要通過IQ智商測試。自一九一二年以來，有了IQ智商測試後，這個測試也同時產生了許多爭議性的問題。有許多本著作也討論IQ智商測試本身缺乏意義的關連性。

一開始，這些「大腦多向思考者」會被認為是有學習障礙的兒童，需要他人的協助。當我們不考慮孩子的宗教或人種時，而就適應現今的教學環境而言，這些孩子的確會被認為是低智商，需要他人的協助。但這樣想法會讓我們思考到一個嚴重的倫理問題。就是當我們想要衡量某人智力的程度時，其真正原因並非來自人道倫理的精神，而是想確認人類中存在種族優劣的這種偏見想法；或是想要製造資產階級管理無產階級的制度，還有證明智障基因是否會遺傳後代……等。當人們嘗試地去創造人工的「天才型的精子」，並找到所謂「聰明絕頂」的女性授孕，目的是消毒（排除）那些所謂「不合格」的人。

然而就嚴謹的科學而言，IQ智商測試有其絕對性的主觀。「IQ智商」這學術名詞是指將相同年齡的人聚在一起，測試其心智年齡。IQ智商測試分兩大部分：言語智商和表現智商，每部分又分為七個子部分，測試其認知能力、記憶能力及一般知識的能力。智商測試的題目通常模糊而且無聊、沒有太大意義。通常其「正確」答案是單一而且完全不將「創造力的思考」列入其中。米歇・陀而（Michel Tort）[16]說道，所謂的IQ智商測試都是「學校課堂練習的翻版」。另外，IQ智商測試也未將社會型態及當事人文化背景的變因考慮其中。沒錯，若是將相同社經背景的人來做IQ測試的話，的確可以看出其中的關聯性。透過以上的敘述，也了解到一個事實：這樣的IQ測試僅測量在特權階級中的常態智力活動，而非於一般階級。尤其IQ智商測試中的「言語智商」的測試更不適用於社經地位較低的一群人。最後，加上學校的制度特性：考試和競爭，都較適合於精英家庭中出生的孩子，因為平時已多次演練此種形式的考試。那麼，我們想要問IQ測試到底在測試什麼？

當然，我們也不否認會有一些特權的社經背景階級，他們執行某些專業的腦力工作。

16引用自《Le quotient intellectuel》（智商），François Maspero 出版社。

但這一切都是人所造就出來的：IQ智商測試的結果，故意設計智商平均值為數值一百，在鐘形狀的頂端，同時也稱為「鐘形曲線」的平均對稱分布。

La courbe en cloche (ou courbe de Gauss) et la mesure du IQ．鐘形（高斯）曲線與智商測量值。

由左頁上圖的鐘形曲線，我們可看出：

世界上有九五．四四％的人，其智商是落在數值七〇到一三〇之間；

世界上有二．一四％的人，其智商落在數值一三〇到一四五之間；

世界上有二．一四％的人，其智商落在數值五五到七〇之間；

你不覺得這世界擁有「天才」與「蠢才」的人數竟然一模一樣。這也算是一個超偉大的平衡分布！

若要其智商測試的結果如鐘形（高斯）曲線的平均分布，其實道理非常簡單，只要按照以下方法：將智商測試問題中，有一小部分的問題設計成很難，只能有少數人可答對；然後設計一小部分非常簡單的問題可讓智力遲緩的人答對，但這些人會無法回答中間大多數人都能回答的問題。

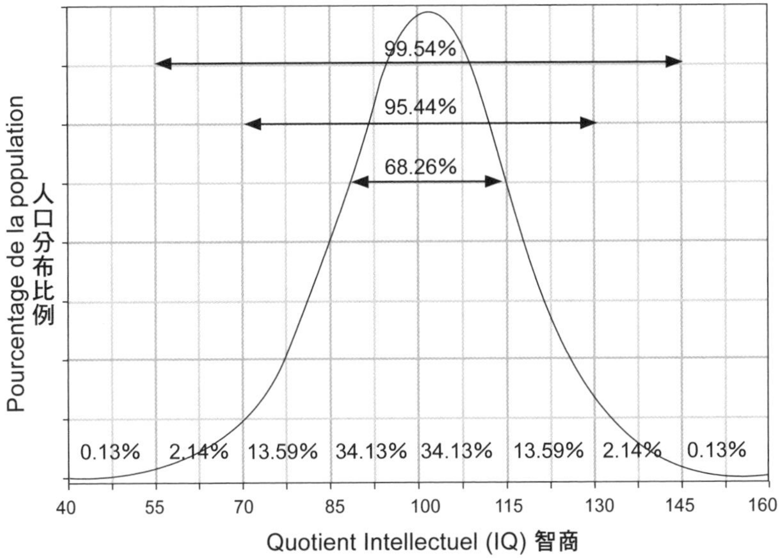

由於IQ測試問題的設計，造就完美的鐘形（高斯）曲線平均和諧分布的結果。測試中，絕大多數人一定可以答對全部問題的四分之三，少數人只能答對四分之一的問題，另外少數人幾乎可以全部答對。在設計IQ測試問題前，即預想只讓九五%的人口，落於數值七〇到一三〇的區間，那請問有哪個區間是可以真正測量出智力的實際數值呢？

另外，我們如何定義「聰明」？是不是要當事人要對於某件事有天分？這件事是指作研究嗎？做音樂嗎？還是做生意？那麼我們「心」的智商又要如何測量呢？那EQ（情商）呢？試著想想一位智力高超但又冷酷自私的人？一位來自儉樸家庭的母親但為人既敏銳又具智慧呢？請問那位是「聰明人」？近年來，我們想要將這IQ智商測試的想法，對「智力」兩字做更精準的定義。一九八〇年羅伯·斯騰伯格將「智力」分為三個部分：分析型智能、創造型智能與實踐型智能對他來說，一個人在以上三種智能當中，能有效地獲取知識、善用他的長處並管理他的短處，當事者將會往成功智慧之路前進。一九八三年，霍華·加納又將「智力」分為八部分：語言智能、數學邏輯智能、音樂智能、體育智能、空間智能、人際關係智能、內省智能及觀察大自然的智能。

所以可以看出「智力」是一種微妙虛擬的概念，若還想要了解更多不同智能的區別，其實我們還可以劃分地更細甚至到無限化。

當面對一團無法量測的資訊時，左腦式思考的人，會想要分類並量化該資訊。但這樣量化及量測的方式並不適用右腦思考者。他們不喜歡衡量及評斷人事物，傾向多樣性豐富的思考。事實上，我們會發現這社會上有許多名人與創意人士在校成績都很差，我想他們的IQ值也應該是位於中間吧！所謂的IQ智商測試都是由左腦思考者，設計給左腦思考的人測試，當然不適合右腦思考者回答。因此我要說，若要右腦思考者測試左腦思考者所設計的智商測驗的話，結果只會徒勞無功而且還非常危險。假若測試結果不理想，只會更加深右腦思考者本身的想法：我是傻瓜。一旦如此，右腦思考者自我貶抑的情形會變得更加嚴重，有時還會呈現亞斯伯格症的徵狀。要值得說明的是，IQ智商測試特別不適用於亞斯伯格症患者，他們測試的數值會非常不穩定，然而亞斯伯格症患者在某方面的智能是超強的。同時來說，也有「大腦多向思考者」通過IQ智商測試，但考試的結果並沒有指出當事人特別敏銳的部分。若我們把智商測試的數值強加於這些「大腦多向思考者」及「亞斯伯格症患者」的身上時，只會更汙名化這群特別的人，因為他們並不屬於體制內的思考模式。如此地不被了解，「大腦多向思考者」與「亞斯伯格症患者」只會覺得更加孤單無助。

最後，要談到IQ智商測試的數值。測試結果的數值已被多次驗證出其不確定性：相同的測試者於不同時間測試智商時，其得到的數值竟然不相同。這樣的結果顯然非常有趣，說明了智力是一種動態而非靜態的表現。以發散性思考為例，是當它連結愈多資訊時，當事人便會無止盡地產生新的創意聯想。無論「大腦多向思考者」所測驗的IQ智商為何，我相信他們是非常聰明的人，甚至比聰明還要更聰明。我非常同意丹尼爾．塔梅（Daniel Tammet）的說法：「頭腦的大小並不重要，重要的是你那偉大的靈魂。」

沒錯，你是與眾不同的。由大腦右半球主導你的思考與行為。你的思維屬於整體的、感性的，直覺且飛速的。一般大眾的思考方式是理性、連續排列並受到有形思考的限制。兩種不同的思考方式代表兩個不同的世界。我們常會因為彼此的思考模式不同，而批評對方的行為模式。以為大家都長得一樣，所以思考模式也一樣，其實事實並非如此。「大腦多向思考者」是來自另外一個星球的人。現在，讓我們一起去探索你的世界。

| Lesson Ⅱ |

所有人可分為兩類：想太多的人 vs. 一般人

1 他人無法理解你

「大腦多向思考者」從小就覺得自己跟別人不一樣，也不了解為何會如此，更不知道自己為何會有不舒服的感覺，因此自我漸漸形成真空的狀態。「大腦多向思考者」不斷思考如何能得到大家的認同，並得到他人對自己的正面觀感。然而整天下來，「大腦多向思考者」與他人互動時一直受到挫折。

莉婭是個八歲的小女孩，在公園裡的鞦韆上剛認識了她的新朋友。她們兩人在公園裡跑得喘不過氣來。然後，莉婭停了下來，握著她自己的手腕，量測脈搏說道：「天啊！我的心跳得好快喔！」新認識的朋友笑著指著肚臍說：「啊！心臟可不是長在手上！是在這裡啦！」莉婭感到很丟臉，因為她無法說出自己為何知道心跳脈搏的事情。對於「大腦多向思考者」來說，無論是何種年紀或性別，每天都會上演像莉婭一樣的事件。無法與他人融洽相處，又加上無法解釋自己本身就知道的事情，如此一來，他們如何能夠培養自信心呢？

試想一下，當你知道世界上的折射光譜中含有紅外線和紫外線時，對一般人來說，卻只看得到一般日光的折射而已。

因此，當你與這些人溝通時，他們只能了解到你部分的觀點，有時還會扭曲你的話語，或只抓到部分的概念，他們不了解你。你提到美麗的紅外線與紫外線會被其他人忽略。你所發現的美麗細節，不存在於別人眼中。「大腦多向思考者」經常發現自己會處於上述的狀況下。由於雙方認知不同，造成「大腦多向思考者」的人際互動無法如打乒乓球般往來順暢。人際關係的困擾也解釋一部分「右腦思考者」自我真空的問題。當他們告訴一般人自己所看到的世界時，對方的回答竟是如此的片面與冷淡。由於「大腦多向思考者」獨特的看法，周圍的朋友也把他視為古怪異常的人。

再用更簡單的比喻來說明，你的思想廣大如海洋，然而一般人的想法卻如河流般的窄長。就如「井蛙不可以語於海，夏蟲不可以語於冰」的道理相同，這就是為什麼大多數人無法理解你的思維方式。俗語說：「取決你眼界高低。」關於以上「一般人」與「大腦多向思考者」的差異說明，我想在邏輯上是說得通的。所以你可想而知，我每天跟這些「大腦多向思考者」鬥智，是一件多麼不容易的事！

以右腦主導思考的人會產生自我認同的問題：是來自右腦思考缺乏自我的概念與個人主義的想法。請試著使用肯定與確認的語氣填完下列造句：

我的名字是……

我的工作是……（職業）

我的地址是……

我的電話號碼是……

我喜歡的事情是……討厭的事情是……

我判斷別人的標準是……

左腦的功能是專門處理數據資料及排列先後次序。吉兒・保得泰勒在中風前是個左腦使用者。在左腦中風的那段期間，她覺得這些數據資料都不重要了，沒有任何意義。然而右腦的感覺、情緒，對她來說卻意義重大。

「大腦多向思考者」拒絕建立他們個人的自我意識。因為他們認為如果一個人一直想到自己，會顯得我行我素，太過於個人主義。然而，擁有以上的想法卻會導致相反的情況：我試把「自我」這個概念當作一個人。當「自我」缺乏餵養，飢腸轆轆之時，他會變得具有侵略性。一個吃飽喝足的「自我」是平和的、溫馨的、願意隨時幫助他人。然而，「自我」只有在擁有「自尊」的條件下，才會表現寧靜平和，與人為善。然而「大腦多向思考者」往往缺乏「自我」。

失去的自尊

「自尊」是主觀衡量自我價值的方式。尊重「自我」會讓你心情愉快，找到自己在社會上的立足點。同時，建立「自尊」也會幫助你完成生命中的計畫目標。

個人擁有「自尊」，才能表現出自己最好的一面。「自尊」在個人的道德行為與身體健康上，發揮重要的作用。一旦我們有了「自尊」，如同我們的道德防禦機制，可以讓我們承受壓力，或是在自信心受傷時，迅速幫助傷口癒合。

當人們缺乏「自尊」時，很容易產生許多心理疾病，舉例來說，憂鬱症、焦慮症、酗酒成癮和產生強迫行為等等。

當一個人有自卑感，會陷入自我增強[1]承受痛苦的惡性循環當中。當事人會變得對自己非常著迷，但不是自戀的行為，自己本身才是問題的所在。對於自我的疑問成為他不斷折磨自己的一個問題。另外，由於個人的自卑感而無法達到設定的目標時，害怕失敗的感

1 認為行為後的結果才是影響採取行為的主因。人們採取了某種行為後，若立即有欣喜的結果或懲罰的效果出現，則此一結果就變成控制行為的增強物。

覺及遭人拒絕的恐懼都會持續增加。這樣的恐懼會使得當事人不停地自我控制。一旦恐懼壓力持續不散，也會造成人際交往的困難。當事人會選擇退縮，而產生孤獨感，覺得自己與他人不同，有低人一等的感覺。與人來往，漸漸地產生自我「假象」的感覺。由於恐懼和疲憊會加劇「假象」的情緒，進而造成不適宜的行為舉止。當事人會變得具攻擊性，懷有惡意，貶低自我或吹捧自己。可以從一個小奸小惡的人變為十惡不赦的大壞蛋。

所謂的惡性循環就是指當事人自我封閉不與外界接觸，又加上自卑感作祟，因而會產生日漸激烈的封閉行為，以致於無法尋求外界的幫助，恢復到原來的自我。以上所述，是以客觀的角度來說明當一個人失去自尊時，會產生偏差的行為。通常「大腦多向思考者」品嘗到成功的果實時，總會歸功於運氣而且會認為這一切的成果將稍縱即逝。一旦他嘗受到挫折時，「大腦多向思考者」一定會歸咎於是個人的因素。他們極度渴望自己能被同儕認同並肯定他的成功，然而卻都徒勞無功。因此，「大腦多向思考者」心理狀態每況愈下，愈來愈恐懼失敗，也時時擔心會被他人拒絕。

我們自信心的建立與自尊的維持是來自以下兩大途徑：

- 首先是父母對「大腦多向思考的小孩」的接納與認同，給予他關愛、親情、讚美、尊重及慰藉。隨著孩子漸漸成長，他會接觸到更廣大的社會環境，例如他的同學、朋友、同事或鄰居等等，也都需給他正面的情感支持。

• 「大腦多向思考者」的進步成就：當我們所做的事情得到他人的贊同，肯定我們的成功經驗，也就是對自己自信心的建立。

「大腦多向思考小孩」在人生的起跑點，就已經是不平等，因此，需要透過以上的兩種方式，幫助他們建立自尊心。但有些父母過於溺愛「大腦多向思考的孩子」，會逐漸地忘記使用正面的態度對待他們。因為父母總覺得「大腦多向思考的孩子」，實在是「太……」，所以家長會出現以下的行為來教育「大腦多向思考的孩子」。若孩子「太敏感、太情緒化」，有的父母會過度保護。如果這孩子的神經過於脆弱，就會變得「太感性、很黏人」，總是躲在媽媽圍裙的後面！還有孩子如果提出「太多的問題」，我們就會責怪他是傲慢無禮、咄咄逼人並要他自我節制。

「大腦多向思考的小孩」打從幼稚園開始，學校的老師常對家長抱怨，就是這個孩子坐不住、上課不專心、不遵守上課秩序等等。同學們也會漸漸不跟他玩，嘲笑他，還覺得他的想法很奇怪。「大腦多向思考的小孩」在如此受挫的環境下，如何能建立「自尊心」呢？當我們愈責備他時，他就愈自卑，自信心也因此而摧毀。

談到「大腦多向思考者」的進步成就，「成功」對他們來說並不容易。首先，整個社會對「大腦多向思考者」的態度並不友善。當今的社會中，我們喜歡指出他人的錯誤，卻鮮少讚美他人的進步。人們喜歡批評勝過鼓勵。然而「大腦多向思考者」最需要的穩定感，就是「鼓勵讚美」。這來自他不穩定的情緒，也不懂得社會潛規則，因此人們對他的評語通常是易怒暴躁，也經常認為他的行為舉止是存心故意。舉例來說，學校要繳交功課時，他的內容可能都是文不對題，所以他便無法獲得他人（老師同學）的信賴認同。值得一說的是，「大腦多向思考者」的長處，即是對於事物苛求盡善盡美，這點可幫助他達成個人的成就。另外，他們五官的高敏銳度，也會幫助他們確定每個事物盡量達到完美無瑕。然而，對於「大腦多向思考者」而言，世上沒有任何成功的典範可供他們參考，因為他們認為在這世上，沒有一件事是完美的。也因此很難滿意自己的成就，更難相信有「成功」的存在。

晏是個七歲大的男孩，他想要畫一匹馬。拿起畫板，他的心也像那畫紙被畫夾板揪住一樣（我們可以想像如此！）一開始，他非常專注認真而且很有企圖心地想要畫匹好馬。

他漸漸地有點緊張，感覺心理壓力很大，開始煩躁起來。突然間，他大發雷霆。他很難過地把馬兒的腿畫壞了。對他來說，這是一個大災難。頓時，晏撕掉畫紙，大哭大吵將近兩小時。無論說什麼都無法讓他靜下來，即使我們說他畫的馬非常美麗、漂亮等等。但是，他知道事實並非如我們所言。他的記憶就像照相機一樣，早已拍攝下駿馬的腳脛和腳踝。因此，他現在知道他無法畫出他記憶中那俊壯的馬腿。畫壞的馬腿開啟了人生一連串的失敗。「大腦多向思考者」知道無論他們的成就得到了多少外界肯定與讚美，都無法抹去他們腦中有一小部分未達盡善盡美的區塊。就如米開朗基羅認為他的「大衛」雕像非常不完美一樣！

害怕被人拒絕、排擠

人是群居的動物，任何一個人都無法脫離群體而活。融入人群，與人溝通成為生存的優先選項。因為人類了解到遁世隱居，將只有死亡一途。史前時代的實例也說明：一位孤獨無依的人容易成為其他動物的獵物。至今仍然如此：人類不能離群索居而活。也許我們大家都有個印象，常有仙人隱士獨居在深山洞穴之中，冥想生命的意義。

然而這樣印象是完全錯誤的。首先，若這些仙人隱士都是以自給自足的方式過活，事實證明這樣的生活方式是很難實現的。另一方面來說，當他在洞穴中獨自坐禪冥想時，也需要有一位幫忙他打理吃喝的人，讓他坐禪高枕無憂。如果他每天都在打漁捕獵的話，我想他也沒時間坐禪沉思。因此，「被人排擠」的畏懼是來自人類的本能、動物的本能，這恐懼的感覺並非經過思慮而產生。因為我們都知道人類一旦選擇遁世隱居，只有死亡一途。

從童年起，「大腦多向思考者」很快地感受到自己在群體生活中，會遭受排擠。一般人一旦受到對方的拒絕或排擠，都會立即調整個人的行為，期望自己可以很快地獲得同儕的認可。但以上的修正行為，對於「大腦多向思考者」不適用。他們很清楚知道自己不正常，可是他們不明白他們的錯在哪？他們遭受拒絕的緣故是因為他們的生理結構與一般人不同，因此「大腦多向思考者」會產生出被排擠與遺棄的恐懼感。到成年之後，「被遺棄」的恐懼仍會持續，因而在人際關係中，自己會選擇委曲求全，順從他人。尤其在友情與愛情的互動關係中，他們的朋友或伴侶常對「大腦多向思考者」頤指氣使，傲慢無禮。

如果我和其他人一樣的話

請試著了解「大腦多向思考者」生活在這荒謬的社會中，會遇到多少無法解釋的情況，而且還需與不合邏輯的人群溝通，他們所要付出的大量努力，甚至會讓他們累到精疲力盡。

因此，「大腦多向思考者」逐漸地發展出一套適應社會的生存策略。有些成功的策略或多或少可以來彌補他們與一般人的不同，幫助他們融入於群體中。湯尼‧亞德伍（Tony Attwood）是專門研究亞斯伯格症患者的專家，在他的相關著作中，詳細列出亞斯伯格症患者為了融入群體社會，所發展出的適應機制。我認為這些機制也適於其他「大腦多向思考者」參考。畢竟，「融入群體社會」是所有「大腦多向思考者」共同的夢想。

貶低自我的價值及陷入沮喪低潮

大家都聽過「醜小鴨」的故事吧！「大腦多向思考者」就像活在一群鴨子裡的那隻天鵝，鴨子們不斷地對醜小鴨說：「你的脖子好長、個頭太大，翅膀也太大，還有你那叫聲實在是不好聽。」醜小鴨聽了鴨子們的批評，竭盡所能地滿足他們的期待，「大腦多向思考者」會將他們美麗細長的脖子藏在翅膀下；同時也捲起大翅膀，瑟縮在角落的一旁，從此隱藏起美麗的叫聲。對於一般大眾來說，「大腦多向思考者」真是一隻好奇怪的醜小鴨啊！為了不與別人不同，「大腦多向思考者」學會將自己隱藏。與同儕交流時，盡可能的保持沉默或是內化武裝自己，盡量避免受到批評與嘲笑，使得自己受傷。「大腦多向思考者」在兒童的階段，便意識到自己有個嚴重的問題：他們的內在住在一個專制獨裁的暴君，不讓自己有喘氣歇息的機會。

我想你也可能認識這位心靈的獨裁暴君。他日夜伴隨著你，審查你的思想及評論你的行為。專制暴君會告訴你：對自己應該想什麼、做什麼；對別人，要你仔細分析朋友間的對話字句及行為。對於現實世界的反思，要求你做非常主觀的解釋。暴君會讓你浪費時間，用在回憶過去或擔心未來的事件上面。還有就一個單一事件的發生，他要你改寫（思索）上百次的故事情節，然而這些故事版本都只是用以證明你沒有能力而且是個不合群的人。暴君永遠住在你的內心中，讓你毫無喘息的機會。

「自我貶低」的想法會時時在「大腦多向思考者」的腦內運作，同時也加深了個人的敏感性。因此，他們常有內疚感，而且認為自己完全無法適應於這現實世界而愈加沮喪。當他們發現自己可能無法成為鴨子時，會感到身心俱疲，產生憂鬱的現象。可是一旦再重新振作找回勇氣時，便再度擁有歡欣愉悅的感覺。我們會發現「大腦多向思考者」的情緒是處於極端波動的狀態下，忽高忽低，因此人們又會把「極端矛盾」的標籤貼在這些人的身上。然而，若沮喪與內疚感持續下去，便會造成潛在的憂鬱症。「大腦多向思考者」的低潮是來自於他們的與眾不同，因為他們不了解自己的另類，他們多希望自己可以跟一般人一樣。因此，「大腦多向思考者」的憂鬱症並不如一般人的憂鬱症，即使沮喪，他們隨時都有讓自己重生、振奮人心的力量。

若「大腦多向思考者」同時遭受到社會的排擠與被他人持續霸凌的現象，他們選擇自殺的風險性將會增高，這的確是令人震驚的事實。為了避免受到社會隔離、排擠及保護他們自己多刺的敏感，「大腦多向思考者」會發展自我保護的方法。即使實在很想回到他們愛的人身邊，但還是會選擇離群索居的生活。這些孤獨的日子，正是讓他們充電、放鬆的時刻，但也有可能產生許多的焦躁感。

從現實逃脫到幻想裡

諺語道：「人類最好是生活在自己夢想當中，勝過於夢想自己想過的生活。」然而這句話並非完全符合「大腦多向思考者」的現況。由於他們生活在這狹窄的現實世界中，幾乎無法實現自己的夢想。因此，「夢想他的人生」成為「大腦多向思考者」一個很有吸引力的想法。從小學開始，「大腦多向思考孩子」為了逃避無聊的課程或陰鬱的一天，在課堂上他們會顯得心猿意馬，漂浮作夢。他們強大的想像力幾乎可以讓他們的幻想如同現實生活一般，再加上他們對現實世界感到失望或者受到同儕的欺凌，便從現實逃脫到夢幻裡。所以，對他們來說，幻想美夢的確是比現實生活好過多了。我們可以想像得到這個虛擬的世界應該是非常細緻繁複而且充滿香氣的，即使在細節的部分也是琳瑯滿目，目不暇給。夢幻的世界的確合於他們的價值觀，在那裡可以讓他們安心地開發潛能，回到真正的自己。

醜小鴨的幸福是看到他所愛的人理解自己，喜歡原本的自己。對「大腦多向思考者」來說，現實世界是與虛幻世界平行共存的。但若「大腦多向思考者」待在虛擬世界的時間甚於現實生活的話，自然就會覺得這個真實世界太無聊了。因此，此時他個人會產生的危機是他不願意再投注更多精神在真實世界中與人交往，融入人群。另外，對他而言，這虛擬世界確實是真實存在的。他若與他人分享自己的烏托邦世界時，其他人可能會把他當成是個病態說謊者（mythomane）或有精神分裂的人（schizophrène）。

為了逃避殘酷的現實環境，有的「大腦多向思考者」會選擇沉溺於感興趣的事物中。

他們有興趣的事物也非常特別，例如：馬、恐龍、宇宙等等。當沉浸於興趣嗜好時，會使得他們的頭腦忙碌，忘掉所有的煩惱。舉例而言，閱讀、電影、網路，這些活動都可以彌補他們對幻想的渴望，還可滿足求知欲。

自以為是的高傲態度

一旦「大腦多向思考者」的同儕嘲笑或譏諷他時，不僅他們的自尊心會受傷，而且正義感也會受挫。他們可能會採取的對應策略是隱藏起個人的尊嚴，改戴上冷漠蔑視的面具對待他人。如同棍棒和蟾蜍等。使用虛張聲勢的方法來抵擋被羞辱的痛苦。如同日光與黑影的道理一樣，驕傲與羞恥乃是一體兩面。

一旦「大腦多向思考者」不再奢望被愛與被理解後，他們會選擇以傲慢的態度和挑釁的行為來面對人群。克里斯托夫・安德烈在他所著的一書中《我不完美，但我幸福快樂極了》，就以「虛張聲勢或自以為是」的態度總結了「大腦多向思考者」的狂妄舉止。

在「大腦多向思考者」悲慘的幻想中，以為用高傲無禮的行為，便可獲得他人的讚美，得到他所以為的「愛」。自以為「聰明機智」，就是不時保持針鋒相對的態度而且常說出尖酸刻薄的話語。但請不要被他的外表欺騙，在他自以為是、高人一等的偽裝下，其實隱藏的是焦慮不安。而他那虛張聲勢的保護色，其實是源自於害怕受傷害，及對完美的永恆追求。

我的諮詢者馬丁也同意上述的說法。他說當他處理重要的案件時，會穿上最名牌的西裝，表現出優雅的風度，因此他覺得他的合作伙伴對自己留下非常深刻的印象。馬丁認為外表與談吐可以贏得對方的信任；還有個人魅力和肯定的態度也達到自己預期的效果。但事實上，他知道他隱藏住真正的自己，也覺得與對方溝通時，過於浮誇矯情。他很清楚地知道他的成功是來自於虛張聲勢，其實他一點自信都沒有。

模仿

我們做了我們該做的事，例如在一個派對上：當我們不知道何種行為舉行較合宜，我們就模仿別人。「大腦多向思考者」不了解社會上存在「暗喻」的行為或對話，只是試圖複製周遭朋友的行徑。

由於「大腦多向思考者」觀察入微的天分，沒有一件事可以逃過他們的雙眼，天生能夠抓出每個人特有之處或行為，因此模仿他人可達到維妙維肖的地步。有的「大腦多向思考者」也成為非常有才華的模仿表演者。在「大腦多向思考者」身邊的人，總是常要求這位右腦的朋友可以多多表演，成為眾人的開心果。模仿他人會對「大腦多向思考者」帶來一個嚴重問題，就是長期成為一個搞笑藝人的角色，對他們的情緒負擔非常重。

弗列克，他的哥兒們都喜歡叫他法蘭奇。只要有派對，法蘭奇的好友們總希望他能來參加。因為法蘭奇總會把晚會氣氛炒熱，沒一會兒就逗弄大家，讓大伙兒都笑翻天。漸漸地，他的朋友們都要法蘭奇一定要來參加這些晚會。因此，每到假日他都會喝到不省人事。隔天起床後，就覺到空虛無助。然後這些夜晚持續瘋狂，白天空洞的日子，讓他呈現人格分裂，自己都不認識自己的狀態。突然間，弗列克看著法蘭奇滑稽的表演，發現他的那些哥兒們都在嘲笑法蘭奇，並非那麼地欣賞法蘭奇的風趣。他忽然覺得夜晚派對的歡樂虛假不真。因此，弗列克變得非常焦慮不安。直到有一天，弗列克穿上法蘭奇的外衣，他允許自己與他的哥兒們說出弗列克心中的想法。終於，他的心情的確獲得很大的紓解。

另一位諮詢者威廉在高中時，常模仿學校的老師，搞得全班哄堂大笑。但今日，威廉變得非常安靜與沉穩。他的一位好友搖著他問道：「哦？這臺搞笑製造機怎麼回事了？壞了嗎？」

因假象的自我而消失的真我

「大腦多向思考者」為了彌補「真空的自我」，以及希望大家可以減少對自己的排斥，這群右腦思考的人便會構築一道「假我」的城牆。實際上，這「虛假的自我」是一個可以讓我們適應於社會生活的個體。具體來說，我們每個人都有一個「假我」，會根據當下的需求，或多或少地調整自我。以下將說明「虛假的自我」是如何形成。

當嬰兒出生時，尚未意識到自己是個體。嬰兒以為自己就是母親的一部分。隨著時間的演進，嬰兒會漸漸意識到自己是個獨立的個體，這就是所謂的「自我」。接著這嬰兒會將他的「自我」與周遭的親友對他這人的身分訊息，兩者相互整合後，就會發展出「自我形象」。如果周遭的親友給他的是正面訊息，肯定這孩子時，他就會建立「自尊心」。若這孩子收到他人給的負面評價時，將會減少他的「自尊心」。在短短幾年間，孩子從意識到「自我」的存在到建立「自尊心」的旅程中，會建構起對「自我身分的認同感」。這也就是說，孩子很清楚地知道自己是唯一且獨特的人。但在此同時，自己也需與他人共同相處，融合成群。然而對「大腦多向思考者」建立「自我身分的認同」情況並非如此。他們無法意識到「自己（我）」而且也無法接受自己原本的樣貌。因此，「大腦多向思考者」

融入人群的困難是來自於他們的「與眾不同」，而且在這群體中找不到他們自己的立足點。

嬰兒需要被傾聽、尊重與了解。若家人都能對「大腦多向思考的孩子」表示尊重、寬容，而且不忘記對他所說的話，都可以用來解釋他的感覺、情緒和情感時，這孩子的成長將會非常接近他真實的「自我」。隨後，他所建立「自我形象」也會符合原來的樣貌，而且行為反應也都會依照適當的情況下而做出。同時，他也會確定他所表達的情感與欲望都是屬於他自己的。若符合以上的情況，那這孩子從童年起，所謂的「假我」只會用於社交生活中的客套禮節，也就是我們所說的社交禮儀、尊重他人、友善的行為、小心謹慎的態度及良好的應對進退等等。所以，這孩子會保有個人的人格特質，特別是他會學會傾聽與觀察。

反過來說，若「大腦多向思考孩子」的家人及學校教育經常使用負面的語言，不尊重的態度、也不聆聽孩子想表達的事物時，他們所做出的行為將會超出許多成年人智力可想像的範圍，也使得大眾更加無法理解他們。又加上「大腦多向思考者」的資訊傳播，並非眾人所知。因此，有很多家長、學校未能意識到這孩子是屬於「大腦多向思考者」。

如果「大腦多向思考孩子」的家人表現出焦急的態度，沒有時間傾聽孩子的聲音，也不懂孩子的需求，更不知道如何對他的問題作出回應，反而，要求「大腦多向思考孩子」多去適應這個不適合他的世界。如此，這個賦有才華的孩子會逐漸扼殺他真實的「自我」，硬生生地將自己去適應這現實環境，以符合家人的期望。此時「虛假的自我」便由此產生，讓自己可以適應這惡劣環境，並且也將壓抑自我真實的本性。

我想舉個例子說明什麼是「虛假的自我」，現在有個假設請況：我請你來我家吃飯。吃完飯後，我感覺有點累。

如果我的「假我」只用於客套禮節，而且我也想保有我的「真我」，指「我想要休息」這件事。因此，我會用很多圓融的方法請你早點回家。我會說：「啊！今晚我們度過了一個美好的夜晚。我真的很高興你來我家吃飯，很希望下次有機會我們可以再見面，可是因為明天我要早起上班，而且我也累了，實在很想早點休息。」從這段對話中，你會很清楚知道我沒讓你難堪，今晚我們會很愉快地互道晚安說再見。

但是如果我的「假我」出現的話，它可能嚴格到我什麼都不敢說。我只能一直滔滔不絕地說話，其間不停地打哈欠，讓你可以理解到我想傳遞的訊息：「我累了，想休息。」同時，我也希望你是個有禮貌的人可以考慮到我的疲累訊息！

但若出現是一個「大腦多向思考者」的「假我」的話，那「大腦多向思考者」會認為他的疲勞是一種不協調的狀況，會將疲勞隱藏起來，不讓你知道。因為他認為：你是我的客人，我要讓你度過一個美好的夜晚，甚至到天亮，如果你一直想聊的話。因此，你踏離我的家門口，才是我上床休息的開始。

「假我」就像一間豪華貴賓室

「大腦多向思考者」的「假我」，就像是一間豪華貴賓室，對任何人敞開大門，歡迎光臨。這個「假我」的功能就是要考慮到所有親朋好友的想法、需求及期待。當「大腦多向思考者」的「假我」存在時，當事者會讓他所有的好友們感到非常舒適與友善。那你真實的自我在哪呢？首先，你要通過一條很長很長的「焦慮」隧道，「真我」則被關在隧道的底端那小小的囚房裡。但是要開這囚房前，還有三道門鎖緊緊綁住「真我」：分別是被排擠拋棄的恐懼感、自我孤獨與被誤解的憂傷，再加上無法成為「真我」的憤怒。

當「大腦多向思考者」有「假我」存在時，這個「假我」常會製造出「暫時脫離」的現象：這是因為「大腦多向思考者」不會忘記那個小小的「真我」，他會試著做自己，而同時間「假我」也作了「拒絕真我」的回應。舉例來說，「大腦多向思考者」在宴會上，想開玩笑，但這玩笑實在沒有笑點，因此產生了小小的尷尬場面，那是因為「假我」想把「真我」嚴格得管控住，無法真誠地表現自我。還有朋友間聚會時，看似一切順利，大家都很開心。但是，瞬間「大腦多向思考者」產生「暫時脫離」的現象。發生了什麼事？實在是「真我」覺得這聚會好無聊。尤其當朋友談到他們的興趣時，就在當下的「我」與突然產生某種渴望的「我」發生衝突，因此出現「暫時脫離」的現象，這是由於「假我」差點管不住「真我」，正緊緊加強管制囚房中的「真我」。

儘管「大腦多向思考者」是個聰明睿智的人，他的「假我」隨著時間的推移，將取得全面勝利，占領所有的領土。原因是這個「假我」可以獲得大家的鼓勵、讚美與推崇。

但是，在他內心囚房中的「真我」會變得非常孤獨，完全真空，因此「大腦多向思考者」也會產生更多的不滿。然而因為害怕被排擠、被嫉妒或被誤解，「大腦多向思考者」沒有給自己更多權利，為「真我」發聲。不管「大腦多向思考者」在社會上如何成功，他會一直感受到自我的真空及帶著面具的虛假感覺。若「假我」一直住在「大腦多向思考者」的腦中，他會覺得在社會群體生活中，找不到自己的立足之地，或他正處於一個原本不是他自己的真正位置！「假我」的產生是由於他害怕失去別人對他的愛，或者是他擔心無法得到別人的感情。因此，「大腦多向思考者」建築「假我」這道城牆付出的代價是對於自我強烈要求的完美主義、對自我情感的否定；對他人會無來由地產生攻擊性或衝動的行為，以及在人際關係中會有羞愧感、罪惡感、焦慮感或重度憂鬱症。

泳衣症候群：好好先生與好好小姐一起幫忙找泳衣

為了讓你更了解「假我」在你的心理情緒上如何運作，我先來告訴你一個菲利普的故事。菲利普與他的妹妹正在通話，他對他的妹妹說：「好友文森與弗洛這對夫婦今晚要邀請我到他們家用餐。」他妹妹開心地說道：「那太好了！既然你要去文森家，你可不可以順道繞到爸媽家拿我的泳衣。我忘了拿回來了。到爸媽家，你就會看到泳衣在抽屜裡……」然而對菲利普來說，這「繞路」可要繞道一個小時之久！當天菲利普下班晚了，就直接到文森與弗洛夫婦的家，但他沒忘記妹妹的要求。當菲利普凌晨一點離開文森家時，開了一小時的車到爸媽家，去找他妹妹「重要的泳衣」。

當菲利普拿回他妹妹的泳衣，回到車上時，他便開始大怒特怒，發洩情緒，氣到弄傷了自己的腳。就是為了完成使命，幫妹妹拿泳衣！菲利普說：「她應該還有別件泳衣，為何一定要這件？或者她有空也可以自己去回來拿。她到底有多急，一定要拿到這件泳衣？要我在這時候，去拿這件破泳衣。她不會自己去拿嗎？」當菲利普告訴我這個故事時，他自己才意識到應該要對他的妹妹說「不」，但當時他竟然沒想到要這樣說。之後，我把菲利普的故事說給娜塔莉聽，她也是一位「大腦多向思考者」。聽完，她感嘆地說：「要是這事發生在我身上，我也會繞一個小時的路拿回泳衣。當別人要求我幫忙時，我連想都不想就說好，也不問自己有沒有辦法完成這任務。我的大腦幾乎是跳過自己是否能勝任的這個考慮階段。馬上開始想下個步驟，我要如何完成這任務，把這任務排在我的工作行程表中。」另一個「好好先生」的例子：昆汀是一位工程師，當我將菲利普的故事及娜塔莉聽完菲利普的故事後的反應都告訴他後，他苦笑了一下：「我永遠都會答應別人的要求！在公司上班時，我就是整天去幫別人找她們的泳衣。我甚至還會笨到去問我的同事說，要不要我幫忙去找他們的泳衣！」沒錯，這就是泳衣的故事，所謂「好好先生與好好小姐」的綜合症候群，「大腦多向思考者」的豪華貴賓室，對於任何人都是來者不拒，有求必應。因而造成自己精疲力竭，不堪負荷（burn out）。現在當你疲憊不堪，累到喘不過氣來時，你至少知道為什麼了：因為僅僅一件泳衣，對你來說實在是負擔太沉重了！

從泳衣症候群到斯德哥爾摩症

斯德哥爾摩症是一種心理防衛機制，新聞報導位於瑞典的斯德哥爾摩市，有一家銀行被搶劫，六天後警方攻堅銀行。他們發現被劫持的人質對加害者搶匪產生強烈的情感。那是由於這些被害者被控制威脅而產生巨大的壓力，以致失去了評斷力，並將此壓力與加害者的邏輯合而為一。有鑑於一個人若有過大的壓力，斯德哥爾摩症的矛盾情結也會產生在很多的虐待案件中。「大腦多向思考者」成人時，常受到他人批評；童年時，也常被他人嘲弄，因此他們非常害怕被排擠，這就是所謂的受到心理的暴力。儘管是一件微不足道的指責，「大腦多向思考者」產生的壓力，可以大到出現斯德哥爾摩症。

斯德哥爾摩的症狀也可以解釋「大腦多向思考者」的心理狀況。因為「大腦多向思考者」喜歡閱讀他人的思維，試著會從對方的幾句話中找出他們內心的想法，試著滿足親朋好友的需求與期待。另外加上「大腦多向思考者」害怕遭受到排擠與拋棄的恐懼，使得他們非常敏感，不會對任何人說「不」。也因此造成他們的心靈非常脆弱，極易受到他人精神操控。

因此，我們要約束「假我」，找到真正的自我，並讓「真我」充滿安全感與寧靜。當你閱讀本文時，也正是找回「真我」的時候。

漸漸地，你會與你的「真我」完全和解，還會發現自己是個精彩有趣的人，擁有暢所欲言的權利。我們可以用簡單但重要的短語幫助你重新給予「真我」生存的空間。當別人請求你幫忙時，請記得不要說：「是的，好的。」請說：「呃，這好像不太行！」試試看這句話，你會發現它具有強大的力量。

我說：「拜託一下，你可以幫我找一下泳衣嗎？」現在換你回答：「——。」

一旦你對自己的情感與欲望非常確定時，「真我」才會變得健康有活力。我們要治癒潛在的憂鬱症，一定要解放壓抑的情感並找回它的自主性。傾聽自己內在的聲音，就是尊重自我而且從我們內心找到力量。當然，你可以處於傷心難過、絕望無助的狀態，但請不要擔心你的低潮會干擾他人。當我們遭受威脅時，會感到害怕；當我們不被尊重時，會感到生氣，這些反應都是正常的。慢慢地，你會再次了解到什麼是你不想要的，而且清楚地知道自己要什麼。然後，你可以讓這些想法表達出來，不必擔心被他人拒絕或排擠。只有孩子需要無條件的愛才能讓自己成長。然而像我們這樣的大人，不需要取悅每個人，靠他們過活。

只有當自我價值深植於真實的感情經驗中，我們才會遠離憂鬱症，不是光擁有那些特定的優點，就能感受到自我價值的存在。不用向他人證實你的價值，因為你的不完美使你成為一個出類拔萃的人。有一天發現你喜歡當下的自己時，也正是真空的自我被填滿的那一刻。

2 你也無法理解他人

你所嚮往的價值觀，逾越了社會的潛規則

若我們要說有一個與「假我」平行而立的城牆的話，那即是「大腦多向思考者」擁有如鋼鐵般的價值觀。當他如果發現某個領域，而且自己對該領域不再產生疑問時，沒錯，那便是他們熱情的所在！

對於正義、誠實、真誠、正直，以及友誼與愛情的界線，「大腦多向思考者」都非常清楚地知道他們的意義，而且還擁有過於常人的極端要求標準。由「絕對值」價值觀所砌成的高大水泥牆，在「大腦多向思考者」的眼中，當然視為理所當然、天經地義的真理。也因於如此的堅毅價值觀，使得「大腦多向思考者」在現實生活中常遭受挫折，他們無法將自己的價值理念與大家分享，因為人們並非都如他們一般，都擁有如此清楚的道德理念。另外，對於社會上不公義事件、犯罪的行為或友人的背叛等等，「大腦多向思考者」也感到非常不解，而且有的人還會抗議反動如此不公不義的暴行發生。你無法要求右腦思考者

放棄自己純真的理念，因為他們非常確定自己是站在真理的這一方。我引用諮詢者的談話來描述「大腦多向思考者」的烏托邦理念：「可是我一點都不想知道這世界上的人並非如我想像的一般。」

由於「大腦多向思考者」對「絕對道德觀」的嚮往，會讓他們趨於兩個極端的行為模式：要不成為一個宅心仁厚、善解人意、耐心理解對方的真好人；或是成為一個極端頑固、道德說教、指責他人道德行為過失的人，不停批評那些不拘小節、愛貪小便宜、到處行騙的人。隨著年齡的增長，這些真理的追求者會用兩種角度來看待事情：第一種角度是自己成為明辨是非的智者，觀察事物的發展狀況。另一種是選擇作為一個愛發牢騷、專門挖苦別人缺點的人。還有一些的「大腦多向思考者」會不斷地來回這兩種角度中，如同乒乓球，一會兒處於智者的角度，另一會兒又處於揶揄嘲諷的態度。

「大腦多向思考者」會擁有這兩種角度的原因，還是來自於擁有完全純粹的絕對價值觀，使得這些宅心仁厚的真好人覺得自己好像是來自外太空的人，很難在「這個社會」上找到立足點。另一個方面，「大腦多向思考者」也會因自己的價值觀逾越了「這個社會」所訂定的潛規則，有的人會因此反抗這些社會的內規，那是因為「大腦多向思考者」覺得這社會上有好多潛在規則，無法訴諸於語言，他感到人們很虛偽不實。同時，也因此發現這社會上有很多懦弱的人，不堅守道德標準。此外，行禮如儀、照本宣科的應對進退，也讓「大腦多向思考者」感覺到人們的互動缺少了一種坦率與單純。

在完美理想的天花板與現實殘酷的地板間，「大腦多向思考者」生存於夾縫中。他會將現實世界中扭曲、不完美的現象，調整到自己所相信的真理上。因此，在家庭、工作場合中，他們所扮演的角色，就如消防隊的救火雲梯，隨時調整高低，協調自己的理想與不公義事件間的衝突。然而這些持續走在鋼索上的平衡者，會因不斷地協調現實與理想的衝突，讓自己的體力消耗殆盡。但他們不放手，堅持自己的信念、理念與信仰。

一般人會把「大腦多向思考者」常看作是「略有殘疾的人士」，這講法實在太傷人而且荒謬。大家都忽略了「大腦多向思考者」的絕對價值觀。相較於一般人而言，「大腦多向思考者」擁有「正義價值觀」，這微小的差異，便很快地招來他人的惡意傷害或虛情假意的對待。你可能會認為我形容得太過？讓我舉個例子，「十戒」中的一條戒律說道：「不可殺人。」但你會不會因為情況的不同，而傷害他人呢？換言之，你可能會說：「對，不可殺人是沒錯，但也要因地制宜，因人制宜，不用過於拘泥。」意即在寬鬆容忍的環境下，「不可殺人」的戒律也終將式微。但對於「大腦多向思考者」而言，並不會同意以上的說法，他們仍然堅持自己的道德誠信，絕不寬待。只因為他們活在自己的價值體系下。

瑪麗斯是位家庭主婦，經常受到丈夫的惡言相向或拳打腳踢。她來到我的辦公室做心理諮商，我鼓勵瑪麗斯要有勇氣逐漸遠離她先生。但這不是那麼簡單的一件事。因為依照她堅守道德的價值，必須尊重自己承諾過的婚約誓言。她相信她的婚姻是基於這個價值而存在。當她不經意提起她的丈夫嫌棄她不會折疊餐巾，便把這件事當藉口，大聲地怒斥瑪麗斯在家中所做的一切家事還侮辱她。這是她日常生活中經常發生狀況，令人唏噓不已。儘管每天遭受到這樣的汙辱，瑪麗斯還是繼續照顧她的家庭、三餐、家務，當然包括她的丈夫，日復一日。我對瑪麗斯的容忍感到非常訝異。在我看來，應該是叫她那壞脾氣的丈夫每天二十四小時整理家務、折疊餐巾及料理三餐，這樣比較適合吧！

難道瑪麗斯就不擔心自己會遭受到她配偶更惡劣的對待嗎？她回答道：「不會的，因為我很善良，僅此而已。」

我好意地暗示她說，她所說的善良，其實根本就不是「真善良」。她感嘆地說：「哦！你放心，我這樣地容忍，並不是為了他！而是為我了我自己。因為這樣才符合我想像中的婚姻生活。我的丈夫不時地對我冷嘲熱諷，天天大呼小叫，我當然不會再繼續愛他。我是尊重我們婚姻的價值。所以我作為一個妻子，會盡我應盡的責任，做我該做的事。其實這一切，是為了尊重我自己！」

你可以發現到「大腦多向思考者」的價值觀既真誠但又帶著一絲絲的淡漠。我喜歡用以下的困境，來考驗「大腦多向思考者」剛正不阿的價值觀，我問他們：

我：當你一個人在大自然中散步時，突然看到地上有個皮夾，裡面有一疊現鈔。可是皮夾內沒有相關皮夾主人的身分資料，這時你會怎麼做？

大腦多向思考者：我會去附近問問看，問有沒有人掉了皮夾，而且努力不懈地詢問。

我：可是這皮夾沒名沒姓啊！任何一個有心機的人，都會為了那疊現鈔對你說：「這是我的皮夾。」（我就像是個魔鬼的代言人，用盡一切技巧，希望「大腦多向思考者」能留下這皮夾。還對他們說，找回皮夾主人的機會是微乎其微，加上金額也不是太大。但通常這樣地勸說，對他們來說都是無動於衷。）

大腦多向思考者：對，我知道我的反應看來很蠢，但是我就是不能拿這皮夾！

我：好吧！既然都已經談到了留下皮夾這件事了，那請問如果有別人將此皮夾占為己有，你會感到很驚訝嗎？

大腦多向思考者：呃，不太會吧！

大部分的「大腦多向思考者」都保有無私奉獻的精神。並非對「錢」不感興趣，只是他們的想法不同於一般人。有很多「大腦多向思考者」承認自己在家庭、親情與友情上，都扮演經濟支柱的角色。這點對精神操控者而言，簡直是一大福音。「大腦多向思考者」有時在生活裡會遇到詐騙的人，但也不用替他們太擔心，就是因為他們不在乎「金錢」，所以沒有一個人有錢多到會被騙光。對於遇到詐騙的事件，「大腦多向思考者」都會用這樣的說法來說服自己：「這些人之所以成為騙子，都是為了上有高堂，下有妻小的緣故。」

「大腦多向思考者」的價值觀即是「相信所堅持的事，便會感到幸福。」只要不試著將自己的價值觀強加於別人身上即可。因此我們也可以稱這群人為「理想主義者」。右腦思考者一定不會對正義、善良及「絕對價值」的嚮往而妥協。即使生存在這殘酷的現實中，他們仍然會堅持這樣的信仰。同時，「大腦多向思考者」也尊重他人所做出的人生選擇，他們認為只是這些人對自我的要求不高，而衍生出不同的行為表現而已。

克莉斯汀對我說：「我所做的事就是不去評斷他人。如果我的帳單有誤，不管多算或少算，我都會到櫃臺請他更正。有的人認為我的想法過於天真，但是我真的不知道還能怎麼做？」

理想主義最終成為人際阻力

聽聽愛心熊[2]（bisounours）所說的話。「大腦多向思考者」信仰的價值觀是唯一絕對而且完整健全。從「絕對價值」來看，這是沒有錯。如果人們都像「大腦多向思考者」的想法一樣，那這世界將再次變成理想中伊甸園，會有多美好！然而，現今的社會並非如此，請容我批評現今的社會價值系統：這個社會只會管理與自己思考模式相同的人。他們將這群所謂的「社會不適應者」，與那些尖酸刻薄、不誠實的人歸成同類，甚至還說這群人非常危險。舉例說明一個顯而易見的道理，我們對待一頭獅子，不能像餵養小貓同樣的方式。總之，當代的價值系統內，我們缺乏一種「能夠偵測出哪些是虛假惡意之人，並且能有效地管理他們的軟體」。再加上，當代的價值觀並沒有很精確地訂出「良善」的界線。也許你聽過這樣的一句話：說有些人就是「人太好，就太傻。」使用「太」這個字，實在無法明確訂出界線，分清楚善惡。最後，我們是依據「VIP豪華貴賓室」的概念，使用「假我」的軟體程式來建構這整個社會的價值文化。

2指大腦多向思考者。

該價值系統會因為現有的社會規範、法律占有其立基，看起來似乎是正確、合情合理，但也因而產生一種封閉的價值觀。它的缺點是根據該價值體系下的規範原則，若有不合乎正義公平、邏輯時，或者有人為的恣意妄作時，「大腦多向思考者」都無法將某些價值觀修正，轉曲為直。

另一方面來說，現有的社會價值觀可以接受人們因逾越規則而帶來的懲罰。因為該價值體系認為：當人們面對自己的行為時，應負責承擔其行為所帶來的結果。正因為此清楚的觀念，當人們認為「大腦多向思考者」產生不可理解、反動的行為或過於冷漠的反應時，會把這些人的行為視為瘋狂或一時興起之作。理所當然「大腦多向思考者」也會因自己的舉止，遭受到社會大眾的譴責，讓他們倍感挫折！

除了「大腦多向思考者」真的認為某個原則規範是愚不可及或不合邏輯時，會做出反動的行為，不然，他們行事的原則是：絕對誠實並嚴格遵守規範。由於理想主義的趨使，他們喜歡了解每個規範制訂的原因並時時保有理性懷疑的態度。「大腦多向思考者」非常重視個人的道德倫理，但由於他們離經叛道的行為，也可能會讓他們吃上官司或入監；儘管欣然地接受法律的制裁，但對自己的行為理念仍然不會絲毫動搖。對他們來說，信仰理念的最高價值是來自於他們的勇氣。因此，我們也需要感謝有這群人的存在，讓獨裁政權遇到阻力，不能恣意妄為。但有時候，他們的絕對堅持也會讓人覺得像似要將自己的理念強加於他人身上。

方索瓦回憶起自己小時候的故事。下課時間與同學在操場上玩耍時，總會不自覺地抵抗對方的霸凌壓迫，同時告訴自己千萬不要與這群人為伍。可想而知，因為打架的行為，他不可避免地遭受到校規的懲罰。但他勇敢而不顫抖，認為只是盡一己之責而已。

但是，當他與人打鬥時，他的心沒有給自己一個足夠迴旋的空間來查看整個事件的來由。對他來說，作為一個「莽漢」拯救被害人是再正常不過的行為了。但事實恐怕並非如他想像地那麼單純[3]。

關於「大腦多向思考者」與威權制度的相互關係，往往也是非常複雜的。關於嫉妒、貪婪及權力遊戲等，都不存在於他們的價值體系當中。他們認為的正常人際關係即是平等互惠地對待他人，不管對方的地位階級。舉例來說，無論他們與總裁大人或櫃臺人員交流時，都是秉持一貫的態度，不因階級而有所不同。因此關於「大腦多向思考者」的特質如誠實、勇氣或某種特別嫻熟的能力，都會留給人們非常深刻的印象。當看到別人的努力或

3 一般來說受害者並非如他們表象那樣單純。請閱讀本書作者所著《我們如何落入受害人、加害者或拯救者的陷阱》一書。

成就時，他們會真誠地鼓掌讚美對方，毫不虛偽做作。他們謙遜近人，不習慣跟別人打躬作揖或屈就順從。所以從小起，權威對他們是一大挑戰，例如與父母長輩、學校機構的關係等等。成年後來到社會上工作，也面臨到管理科層制度的困難。對他們來說，所謂的主管，並非只是個虛有其名的頭銜，而是要有能力勝任該職位，並能正確明智下達指令的人。對「大腦多向思考者」而言，只要有能力，頭銜一點都不重要，而且認為管理階層的多級命令，其實一點意義都沒有。

菲利普很肯定我以上的說法，他說：「有一次在公司餐廳裡，遇到我的人事主管。我就告訴他，我所想安排的職業訓練課程及時間表。之後，我的直屬主管知道這件事後，非常生氣。

他認為我與人事主管的交談內容是一種迫使他同意的行為。但是我從來沒有這樣想過！只是剛好遇到人事主管。若我沒有在公司的餐廳裡遇到他，而在其他狀況下，我仍會直接與人事主管談這事。」對於菲利普而言，先與直屬主管談職業訓練課程的事情，是毫無意義：「既無聊又浪費時間。」

然而對於堅信科層管理結構的人來說，他們認為每個人在其所在的位置，都有其合法性。因此當他們面對到「大腦多向思考者」與人交往的態度一律人人平等，以誠相待的原則，會讓自己的邏輯非常混亂，沒有安全感。由於這樣的差異存在，在工作場合上會產生無法相互理解對方的衝突。如果「大腦多向思考者」能多花一點的時間與他們的對話者溝通，讓他們保有安全感，這樣的誤解將可避免。在職場中，畢竟大部分的「大腦多向思考者」都會遇到以上的問題。此外，他們的聰明才智、快速的理解能力、有效率及完美主義的個性，也會讓「大腦多向思考者」在工作上吃上許多苦頭。

最後，除了擁有剛正不阿的個性外，「大腦多向思考者」也能預見前瞻性的事物而且天性善良。但這也為「大腦多向思考者」帶來了問題。因為一旦他們與人溝通時，便能很快地發現到對方的正面潛能。

維羅妮卡說：「你說得對極了。這倒是真的！每當我看到有人，或是電視上的人，我都會覺得如果他們接受我的建議，改造他們的衣著或說話的方式，或不論哪一個方面，我都深信會使得他們變得比現在更好！」

然而「大腦多向思考者」都以為對方與他一樣，可以看出自己的潛在優點。但是這種熱情積極幫助他人的態度，往往會使得他們的對話者產生懷疑，因為對方不知道這個熱誠親切的建議是別有用心還是阿諛奉承。也會發生如以下的狀況：由於「大腦多向思考者」的多感，便有可能將對方讀透，因而提出相關建議。然而這位對談者可能不願意面對當下的自己及未來充滿可能性的自己。因此，他會因你的強迫推銷而感到不安，你的言語太過於衝擊他現在的思考模式。所以，只有精神操控者這類的人會很高興利用「大腦多向思考者」的單純無知。

3 就算無法互相理解，我們仍然共存

前面所言乃是說明由於「大腦多向思考者」在倫理道德與生理神經系統的層面與一般人的不同之處，而造成他們難以經營人際關係。絕大多數的「大腦多向思考者」都一定會經歷到人際交往的問題。所幸的是，有些「大腦多向思考者」身邊的親友了解到這些右腦思考者的不同，因此能有效地與他們溝通，也似乎減少了他們在人際關係中產生挫折的印象。然而，一旦與其他陌生人相處時，通常「大腦多向思考者」還是會產生障礙。他們主要的困難是來自於無法了解到該社會的暗碼語言（des implicites sociaux）。因此，便會逐漸地不適應群體環境的生活，他們感覺到必須通過某種東西才能了解對方，但那是什麼？因此「大腦多向思考者」說話時，會非常謹慎小心，便失去了原本的自發性，有時還會產生過度的警覺心，擔心再度造成尷尬的情況。然而，他們付出大量的努力仍然還是失敗，無法理解對方，無法解碼這社會上的暗碼語言。

「大腦多向思考者」還有另一個困擾即是他們不僅對自己或對他人的期望都太高。在他們的想像中，一旦人們真誠地喜歡對方，大家就是好朋友、好哥倆、好姐妹、好鄰居等等，因此我們就應該如何如何，作某種他認為的行為舉止。他們可以列出一張清單說明以上的關係「應該產生」的行為。但這些應該有的行為都是出於他個人的想法。也因為有以上的期望，「大腦多向思考者」遲早會對他的情人、朋友、好哥們、好姐妹或鄰居們的行為感到失望。對「大腦多向思考者」來說，這份「應該如何，必須如何」的行為清單是「絕對值」，不能有例外的情況發生。然而這樣的想法，是不切實際的。

由於「大腦多向思考者」無法推敲琢磨人與人之間的關係並調整自己對他人的期待，因此形成自己長期處於孤獨，無法理解大家的心理狀態。即使有許多「大腦多向思考者們」在一起時，也可能會互相傷害對方，那是因為他們之間沒有共同的語碼，能夠相互了解溝通。另外，一般人的價值觀是建立輕重緩急，優先順序，這與「大腦多向思考者」的價值觀簡直是南轅北轍，差距甚大。因此，造成了彼此更大的誤解。舉個例來說，當我們喜歡上相同事物時，喜歡的原因卻是大大不同的！這樣便可說明「大腦多向思考者」與一般人溝通會產生障礙。

也由於與一般人擁有不同的價值觀，「大腦多向思考者」常受到遭人排擠或被騷擾的狀況。最嚴重但也是最不幸的情況，可是最頻繁發生的，一旦有心懷惡意的人發現「大腦多向思考者」的正直善良，利用他們的弱點來操控這群人，如同獵物陷入陷阱當中，任人宰殺。我們稱這樣的掠奪者為「心理操縱者」。

真正讓你感到痛苦的人——心理操縱者

我之前寫過一本書《逃離操控者》[4]，該書主要討論的是精神暴力、心理操縱者，以及人際關係中的情感依賴行為。在該書的其中一個章節中，專門詳述這些心理操縱者的人格特質及操控行為，更指出可能受害者的輪廓樣貌。同時，我也列出一張表，說明有哪些人格特質的人可能會特別容易遭受他人操控。

令我比較驚訝的是，我發現到這些受害者的人格特質通常是會把事情想得比較嚴重，但性格上是屬於正向積極的人。他們擁有異於常人，源源不絕的快樂活力，天性無私善良，願意真誠地與對方和平解決衝突，然而也會高度懷疑自我想法。

隨著我上述的書籍出版後，我也開始專注研究於心理操縱者的人格特質，因此也有更多的機會了解到這些被害者。在我的研究當中，我開始相信「大腦多向思考者」是心理操

4由紀・太丹尼爾（Guy Trédaniel）出版。

縱者首要尋找的獵物。同時經由很多研究證實，那些「天才型」兒童小時候都非常安靜，善良平和，少數可能會變成個性孤僻或作白日夢的孩子。但是善良天性使然，大多數的「天才型」兒童在孩子圈內還是很受歡迎的。然而，在群體當中，會有些惡意的孩子專門喜歡挑釁「天才型」的兒童。經過我多年的諮商經驗，我相信大家低估了校園暴力的嚴重情形並且尚未意識到校園騷擾案件增加的數量。此外，湯尼・亞德伍（Tony Attwood）為《亞斯伯格症指南》一書的作者，於該書有一個完整章節，專門探討「亞斯伯格症」的孩子在學校裡遭受到騷擾、暴力等情形。

內心的牽掛

「大腦多向思考者」的心理結構傾向與他人建立一個情感依附的關係。「真空的自我」正是心理操縱者入侵的大好機會。「大腦多向思考者」期待建立一個緊密的情感關係，親暱而且熱情，他們渴望遇到相知的靈魂，然而他們卻無法理解一般人的想法。他們看不出操控者的虛情假意是包著糖衣的陷阱，也聽不出對方的花言巧語。加上事情進展得太快，操控者善於算計，「大腦多向思考者」以為自己終於找到了一個可以接受、理解他們的人，因此再也不願放手。漸漸地，在這樣的關係中，被操控者寵壞了。因為「大腦多向思考者」只想了解對方的想法因此會不停地懷疑自己，他發散的思維可以無止盡地延伸，一直思考為何我們的關係出現了問題。除此之外，在人際關係中「大腦多向思考者」非常需要溫暖和諧的氣氛，因此他會選擇屈服，接受操控者所有要求。而且他們喜歡將責任歸咎於自己，因此也讓對方有機會可以完全任意指責「大腦多向思考者」。最後情況會演變成：操控者將自己所有的想法完全投射在「大腦多向思考者」真空自我的身上。總有一天，「大腦多向思考者」會認為自己才是操控者，自己才是這關係中的麻煩製造者。其實這樣的情況從「大腦多向思考者」小時候便一再發生。所以，他會更容易相信一切的錯都在自己。

不可思議的互補性：心理操縱者vs大腦多向思考者

我很確定地認為心理操縱者對「大腦多向思考者」有一種本能的仇恨，因為自己的對立面即是「大腦多向思考者」。這些自戀的變態者[5]是充滿恨意、脾氣暴躁、惡意多疑、懦弱空虛的人。這樣的人怎麼會喜歡天性善良、充滿愛心、相信他人、勇敢開朗的右腦使

---

5 法文 pervers narcissiques 亦指精神操控者。

用者，尤其他們還擁有源源不絕的活力朝氣。然而心理操縱者是生命力的掠奪者，戕害「大腦多向思考者」，破壞所有的愛與喜悅。

我發現心理操縱者與「大腦多向思考者」之間有很強的互補性，猶如一體兩面：白天與黑夜、天使與惡魔；然而善與惡的對立、生與死的衝突卻是不公平的戰爭：心理操縱者是一位精於算計的人，與天真爛漫的人產生衝突，沒有任何良善摻雜其中，只有邪惡。

我們這裡有個例子可以說明兩者間驚人的互補性。本書開頭即提及「大腦多向思考者」擁有高度靈敏的神經系統，在我之前寫過的書也曾提及。這些心理操縱者知道「大腦多向思考者」擁有敏感的五官，於是他們透過觸覺、聽覺、嗅覺……等來操控受害者，使他們陷入瘋狂。因為「大腦多向思考者」比一般人更容易受到空間、聲音或氣味等的潛在干擾，這會使得他們的注意力更加容易分散，也落入心理操縱者的陷阱中。

另外，在本書的第一章即有提及「大腦多向思考者」的睡眠品質不良的問題。這也是我想舉的例子。因為有些心理操縱者（例如，神祕宗教）的目的便是剝奪他人睡眠的時間。這些心懷不軌的人知道如何在睡前故意發生爭吵，使得「大腦多向思考者」的思緒發散，神經處於高度緊繃狀態，無法得到休息。惡意的人會故意在床上嘆息、打鼾、不停地翻轉、隨手開燈、大聲地開關門等等……（沒錯，他們都是故意的！）加上「大腦多向思考者」

的大腦杏仁核過於敏感，一旦醒來，便很難再次入睡。由於睡眠不足會直接地影響血清素的平衡，無疑對「大腦多向思考者」形成了精神虐待，這也有可能是造成他們自殺的原因之一。心理操縱者的本質是狡猾虛偽而且心懷惡意。因此，與「大腦多向思考者」特質，互相對立。而這些心理操縱者呈現的樣貌，多不可數。

首先，要知道的是「大腦多向思考者」的本質是真誠坦率，公開透明但是懷有婦人之仁的人。相反的，心理操縱者則是一個對自己非常有信心、專制蠻橫及喜歡操控他人的人。再加上「大腦多向思考者」通常容易懷疑自己，缺乏自信心，時時處於疑惑當中。讓這些心理操縱者趁機而入，受到他們的擺布利用。在我的一些諮詢案例中，諮詢者提及無論在生活上或工作上，一直長期受到精神暴力的傷害，然而他們並不知道自己擁有超敏感的五官感知。因此，「大腦多向思考者」的特質便受到有心人士的利用。儘管「大腦多向思考者」認為惡意的態度與破壞的行為，是一種完全損人不利己的行為，但事實上這世界就是有惡意之人的存在，有不同型態的心理操縱者。經過我長期的研究諮詢，得出了一個驚人的結論：「心理操縱者」只找尋「大腦多向思考者」作為他們的獵物受害者。每次我與諮詢者對話時，我都會再次檢驗我的立論是否正確。答案是肯定的。

「假我」：24小時的VIP服務

縱使受到「心理操縱者」的長期困擾，但是後來使得「大腦多向思考者」無法感受到被操控或玩弄的原因是因為「大腦多向思考者」的「假我」箝制了自己真正的感覺，讓他們無法真正感受到心理操縱者對他的傷害控制。於前文，我曾提及「假我」就像一間「來者不拒的VIP貴賓室」，會滿足每個人的期待。也請記得這是一個自動切換的「假我」反應機制。因為這「假我」的歡迎光臨機制更提供了心理操縱者可以完全掌控「大腦多向思考者」。

這些不正常的心理操縱者會不時地測試「大腦多向思考者」的自我掌控力，並把它當樂趣來看待，玩弄被害者於股掌之間。

每當「心理操縱者」對「大腦多向思考者」有所要求時，即使是用惡劣的語氣開口，這些善良的右腦使用者還是會畢恭畢敬地完成使命，以期完成操控者的願望。所以這樣的遙控，對心理操縱者而言，是一件多麼神奇又有趣的事啊！長久以來，「大腦多向思考者」會盡量滿足所有人的要求，即使有些要求是不合理的，但他們沒有意識到這點。舉例來說，當正常人請求他人協助時，我們會自我節制，盡量不要要求得太過分。可是心理操縱者卻不然，他們的要求是永無止盡，而且只尊重那些擁有權力的人。要遠離心理操縱者的方法，只有對他們說出「拒絕」二字，這樣你才能遏止他們對你無止盡的要求。一旦「大腦多向思考者」面對這些操控者時，請使力地關上你的「假我」機制，要表現出堅決拒絕的態度。這種態度意味著你必須要忘記所有的禮貌行為、外交辭令或客氣和善的言辭，之後找出一個令雙方滿意的妥協方案。要敢於面對這兩難的困境，即使大動干戈也在所不惜，並且要知道如何施壓於心理操縱者，讓他們知難而退不要侵犯你的立場。也要記得當下要表現出頑強的態度，拒絕與對方拉長討論時間。因為此時，對「大腦多向思考者」來說，無禮唐突與威脅恫嚇才能換來雙方的和諧互信。

總之，為了逃離心理操縱者的掌控，「大腦多向思考者」應該與操控者一樣說些乖張恫嚇的語言，我知道這樣的言語行為正好與「大腦多向思考者」的個性相悖。「大腦多向思考者」拒絕了心理操縱者後，通常也很難接受自己為了拒絕對方而做出無禮的行為。

逃離心理操縱者的掌控

那麼，「大腦多向思考者」要如何才不會成為心理操縱者的獵物呢？首先，必須要他們相信這世界的確有惡意之人的存在。這可不是一件容易的事！因為「大腦多向思考者」相信「人性本善」之說，不認為人生來便懷有惡意。他們的世界裡不存在仇恨、嫉妒或怨恨。「大腦多向思考者」認為若一個人懷有惡意，那他一定處在非常不幸福的狀態中。所以當一個「大腦多向思考者」行為表現非常惡劣時，那他必定是非常不快樂，但即使他非常不快樂，也不會表現到令人髮指的地步。現在，我們必須告訴「大腦多向思考者」以上的因果關係是錯誤的。因為心理操縱者總是非常惡劣，甚至殘酷。他們非常享受為非作歹的樂趣，而且並非所有的壞人都是不幸福的。相反而言，人性中邪惡與占有欲，會帶給心理操縱者一種興奮快感。當心理操縱者說謊、傷害對方時，會認為自己真是聰明絕頂，自我陶醉在其中。其實真的很難讓「大腦多向思考者」了解到心理操縱者的謊言與冷酷無情的表現。因為他們無法理解這些壞人所做的一切，都是經過處心積慮，衡量盤算，這些懷有惡意之人，就是會演出絕望的痛苦表情或說出違背內心的溫柔話語之類的行為。

通常在諮詢的過程中，我都是扮演壞人的角色，讓「大腦多向思考者」了解到這世界還有更惡劣的人存在！

對的，這世界這太殘酷了，因此你不得不關上自己的心門！然而，遲早「大腦多向思考者」要為自己的良善設定界線。在這地球上，並非只有「人性本善」的人存在。正如我前文所舉的例子，雖然貓與虎都屬於貓科動物，但飼養小貓與豢養老虎的方式一定有所不同。目前為止，你維繫人際關係的方法，就是開出可以讓任何人提領的空白支票，你的善意就如24小時的自動提款機，被大家濫用。現在你必須自我掌控這臺「善良」的提款機，將「善良」模式切換到手動操作。請記得只有你認為「值得」的人，才有資格獲得你的善意。

當你要開啟「善良」提款機時，可以提出以下問題問自己，幫忙你明白劃清「善良美意」的界線，你也許聽過這樣的諺語：「人太好了，就太笨。」現在該是你問自己的時候：「我到底要當老好人到什麼時候？我從什麼時候開始變笨了？」

要問自己的第二個問題是：「我到底要當老好人到什麼時候？從什麼時候開始，我變得唯唯諾諾？」這也就是要告訴自己說：「我從什麼時候開始，忘記了我的自尊？只為了那個『假我』，得聽命於他人。」

當我們面對衝突時，每個人都會產生恐懼。請問自己：「我到底要當老好人到什麼時候？從什麼時候開始，我變得非常軟弱？衝突的恐懼是不是開始掌控了我？」

最後，別忘了問自己這個小問題：「這個人，他值得我對他好嗎？」

對了，為了讓你的「真我」保有空間，請說出這個簡單的短句：「呃，這好像不太行喔！」它是開啟「自我」的鎖鑰。

最後，我要糾正「大腦多向思考者」的一個想法：儘管我們可以給那些心理操縱者無比的愛心與耐心，但他們永遠不會改變。對的，每個人都是不會變的。因此給那些天生邪惡的人再次機會，這是多麼可怕危險。原因一，心理操縱者打從心底就很滿意自己，對自己感到非常驕傲。除了自己之外，別人都是傻瓜笨蛋！原因二，心理操縱者的思維是不會自我批評反省，他們自認為完美無缺，只有「別人」才是問題。如果當操控者對你承諾說道：「我們會改變的。」這只是誘導你的伎倆，催眠你罷了。但是通常「大腦多向思考者」一點都不了解像這樣的壞人，他們不相信從一開始心理操縱者便取笑自己；當「大腦多向思考者」悲傷沮喪時，操控者也不會提供協助。最後，我只能對「大腦多向思考者」說：一旦你遇到精神操縱者時，唯一的方法只能逃離，離他愈遠愈好！

不過「大腦多向思考者」遇到最大的困境，不是二十四小時不間斷地腦力思考，而是陷入「心理操縱者」情感依賴的陷阱。「大腦多向思考者」經常告訴我：即使被精神操縱者虐待，他們還是非常依戀操控者，那是因為心理操縱者擁有多變的外表。因此，「大腦多向思考者」得使用他們超凡絕頂的智力看清心理操縱者的真正面目，這是他們最大的挑戰！

我們可以想像當「大腦多向思考者」尚未看出心理操縱者的真面目前，他們的心智是處於糾結的狀態。那是因為「大腦多向思考者」不了解人性可以複雜到如此地步：世上竟然有人喜歡撒謊欺騙，講些自相矛盾的話語。所以要脫離對操控者情感的依附，只能運用你的聰明才智，看清楚這些操控者們狡詐的想法。

你比一般人還要聰明

由於「大腦多向思考者」的心智能力，不會想聽到以上的事實。因為，以客觀的角度來說，你確實是比「一般人」[6]聰明：以下我們將說明「發散性」的思維模式勝過於「接續的線性」思維模式：

「發散性」的思維模式，可以同時管理許多資訊。

「發散性」的思維模式，透過聯想的方式產生無數個相關想法。依據不同的相關想法，可以幫助你記憶或找到各種解決方案。

「發散性」的思維模式，透過橫向思考會產生不同的念頭，增加創造力。

[6] 這裡所指的「一般人」，是以左腦主導思考行為的人。「大腦多向思考者」是以右腦主導思考行為的人。

人類思考方式的捷徑，乃是透過單一訊息的相關發散聯想能力，這也使得「大腦多向思考者」的腦筋可以轉得飛快。

「發散性」的思維模式，以整體宏觀的角度來看待該問題。即是俯視全觀該問題的整體與細節部分，提供全面的解決方案，稱之為全方位思考模式。它跳脫了一次只能解決一個問題的接續性思維法。

透過科學量測的證明，「大腦多向思考者」右半腦的神經衝動速度是比左半腦快。「大腦多向思考者」的思緒如同一隻敏捷的狐猴，想像在這心靈的叢林裡，狐猴從一棵樹的樹枝跳到另一棵樹梢上，來回不停地跳動，以全方位的方法觀察該事件（問題）的發生。相較於線性思維的人，他們就像是住在濃密森林裡的陸行動物，不能擁有全方位的能見度，因此不得不在蜿蜒的小路上，循序直行。

對於自己擁有超群的智力，「大腦多向思考者」通常是無法理解的。至多，他們只會說自己擁有「與眾不同」的智力。要他們接受自己的智力高於他人，他們則會大聲地反對說：沒有這回事！其實，這現象是個弔詭的情形：當我們擁有愈高的聰明才智時，會認為自己知道的事物真的很少，便愈會懷疑自己，是否真得擁有如此高的聰明才智。因此「智慧超群」這件事，對「大腦多向思考者」來說，是個驚訝的事實，他們也常與自己爭辯該現象。「大腦多向思考者」之所以會否定自己擁有高超智慧的原因是：首先，這是與他所信仰的「平等」、「博愛」的價值觀相悖。同時來說，擁有高超的智慧即表示自己比一般人優秀，這也違反他們「謙虛」的價值觀。最後一點，「大腦多向思考者」寧願相信自己只是比一般人多點「神經過敏」或說是「與眾不同」，這樣會好過些。由於你的卓越超凡，的確會讓「一般人」排擠你。所以擁有如此的聰明才智，只會更汙名化自己，無法融入人群。的確是的，有些「大腦多向思考者」肯定我的說法，他們承認這樣的排擠效應會讓自己承受孤獨的痛苦。

然而，「大腦多向思考者」必須接受一個事實，便是將「真我」從「假我」中釋放出來，真正地面對原來的自己。從童年開始，你的「真我」便被禁錮在又深又暗的地道下，現在你自己必須穿越幽暗的「憂慮」地道，勇敢地打破層層枷鎖的牢門。

還記得這些層層封閉「真我」的枷鎖嗎？它們是被他人排拒的恐懼感、與眾不同的悲哀以及無法成為自我的憤怒。一旦你接收到外來資訊時，因為這些枷鎖屏障，會混亂你的思緒，讓你感到一種荒謬的痛苦，進而產生對自己莫大的懷疑。

如果用「自戀」的方法來重建「自我」的話，會過於暴力。可是要你獨自穿越那幽暗狹長的「憂慮」地道，你會害怕。然而無法成為「自我」的憤怒，又如此強大，你要如何是好呢？為了不讓「自我」的憤怒一直潛伏在內心深處，繼續擴張，此時，「否定自我」的機制很快地啟動了，你會對自己說：「無論如何，都是我做錯了，我是笨蛋。」當下「大腦多向思考者」會將自己的缺點放大，甚至還會列出一長串的缺點清單。也因為如此，到現在為止，「大腦多向思考者」還一直保有「自己很白痴」這樣的想法。

此外，再加上「大腦多向思考者」知道自己常心煩意亂，不易專心，尤其面對生活上的瑣事，經常出錯。然而他們卻忽略自己當面對重大挑戰時，他們的所提出的解決方案都是非常有效而且迅速。可是一旦他們獲得成功的績效時，自己也會感到很訝異，並下結論說：「因為這件事很簡單，所以容易成功。」但事實上，不管他們走到哪裡，所做之事皆成功。這是因為他們的反應迅速、高效率的思考結果，因此事情可以做得又快又好。然而「大腦多向思考者」以為大家都跟他們一樣，事情可以迅速達成，但並非如此。有時他們還是會很訝異地說道：身邊的朋友們竟然會溺斃在水杯裡[7]。

馬婷在一間家族企業裡當一名秘書兼會計。公司裡的行政管理簡直是雜亂無章，帳單常常淹沒在一堆文件當中，導致付款或收款經常延遲。

7 對於大腦多向思考者看來清楚又簡單的事，但一般的左腦思考者卻還沒意會理解過來。

兩年內，她整理了檔案、交付了延遲的貨款、分類管理文件，也有效建立一套公司的行政管理系統。突然間，她對這份工作感到厭倦，因為幾乎無事可做。同時，她也不明白為什麼她的同事們不像她一樣，善於整理分類。就如她所說：「這是一件很容易的事！」她也不理解為何身邊的同事開始排擠嫉妒她。為什麼別人要這樣對待她呢？單純天真的馬婷從不認為自己的智力優於其他的同事，可是她的同事們卻這麼認為！

單純天真？其實不盡然。像馬婷一樣的其他「大腦多向思考者」，他們會不斷努力地掩飾自己與一般人的差異。然而，一旦她自己聽到了「真我」的呼喚，她一天會有十次以上問自己為何一般人可以擁有的能力而她沒有。如果她真的去細想這些差異的話，將會發現到這些「一般人」不但固執己見，還很平庸無趣。做事不但沒效率，而且還缺乏邏輯性。但馬婷克制自己不說出來這些發現。她覺得這些人的對話實在膚淺，見解也都是些耳熟能詳的陳腔爛調。而且他們的觀點不時地帶有尖酸苛薄的批評。「一般人」的陳述都太瑣碎，太個人主義了。對了，但如果我可以用一句話評論這群人的話，我會說：「他們就像動物一樣，不懂得思考。」但馬婷在未說出這句評語之前，她住口了，退縮了！因為，此時馬婷正處位於「憂慮」地道的入口處，她沒有即時說出想說的話，便立即地回到「假我豪華貴賓室」裡，繼續討好他人！

任意批評論斷他人的行為或思考模式，並非符合「大腦多向思考者」眾人平等的信念。因此，「大腦多向思考者」不認為也不承認自己的智力優於他人。舉個例來說，想像一下，有一位奧運體育冠軍選手有其能力，可以批評業餘運動員的體能表現，然而他還繼續堅持說我們兩者沒有什麼太大的差異。事實是我們都知道奧運選手充沛體能的表現，當然會使週日才玩體育活動的運動業餘選手相形失色，但由於「大腦多向思考者」的極度謙虛，這位體育奧運選手會一直嚷嚷著：「其實我也沒什麼特別厲害的！」在這時，左腦思考的業餘選手們，會很生氣地把這些「特別的人」逐出他們的圈子外。

這事實要說明的是「大腦多向思考者」本身就不認為自己的智力優於他人，但還想玩一種「人人平等」的遊戲。其實這種雙方落差的解決之道，便是大方承認自己是位奧運體育選手。請你試想一種情況，當一位左腦思考者思索一個難題，有時會想了好幾個禮拜都還找不出答案來。但你在幾秒鐘之內，便提出解決之道，你認為這是什麼原因呢？然而，你還口口聲聲地說：「其實我本身並沒什麼過人之處，只是這事情很簡單而已。」可是你如此的「謙虛」，沒有一個人會認為理所當然，而把這「謙虛」看成了「虛假」，因此你也可能招來他人對你的不信任。因為在你謙虛的回應時，你忘了考慮自己優越的智力。總結以上，如果你不招致他人的嫉妒或厭惡，其實也很難！我認為許多「大腦多向思考者」

在同儕中遭受到騷擾或排擠是因為他們與一般人在智力上有所差距，再加上他們「自認為」謙虛的緣故。

請勿將「謙卑」和「謙虛」混淆。不是因為你否認自己原本的樣貌，就會被他人接受，而是你只需簡單地承認自己原本的樣貌。依據所有事實的結果，用你客觀性的理智，說明自己，記得你沒有吹噓自己。因此，關於與一般人在智力上的差異，你們最好誠實答覆，即是承認自己原本的樣貌，這是一勞永逸的好方法。

為了使得一般人可以了解你的想法，你可以將這說明切割成非常小的部分，解釋給大家聽，不要使用概括的陳述，試著用簡單扼要的幾句話來說明你的想法。舉個例子來說，關於你做事態度的回答，你可以說：「沒錯，我做事的確是很有效率（或者說我做事很有組織、計畫性）。」你也可以說「沒錯，我就是對某件事物特別有興趣。」或說：「沒錯，通常我對細節的部分都很謹慎，而且某些發生過的人事物，我的記憶都還很清晰。」如此，輕輕地帶過你的過人之處，請多表現出你溫柔良善及樂觀進取的一面。這麼一來，大家便可理解你、接受你。千萬不要表現得一副老神在在、高高在上的樣子，對你同事說道：「對啊！我就是無法待這兒卻什麼事都不做，我得要一直找事做才行！」

「一般人」對於值得尊重的人，他們會不吝嗇給予對方應有的尊敬之意。但假如「大腦多向思考者」因為自己與「一般人」不同的行為模式，而且還不承認自己本身的優點，這樣的舉止反應，反而會使得「一般人」倍感壓力，還會讓他們以為自己看錯了你的優點。對於「一般人」來說，「大腦多向思考者」否認自己的特異之處，再加上過於謙虛的回答，實在是一種衝突的行為。因為你謙虛的回應，更會讓他們感覺到自己實在太差了（我知道這麼寫，會得罪「一般人」！）我的諮詢者丹妮講了很多關於她的「一般同事們」做事情時，非常缺乏邏輯性，這也使得她很苦惱。我試著對她說，並非所有的人做事都是符合邏輯。可是她很生氣地回應道：「但是，你只要在行事前的五分鐘，好好靜下來想想如何處理事件便可以了。我認為這是每一個人都可以做到的！」丹妮不理解的是，並非每個人都可以在事前好好思考而後行事的。從一個絕對的角度來看，如果你對一個傻瓜說：「你是傻瓜。」其實這句話是徒勞無功的，因為當事人本身並沒有意識到這一點。

然而，當馬丁聽了我說明「一般人」直線思考與「大腦多向思考者」發散邏輯思考的差異後，他終於明白多年以來，為何在超市排隊結帳或機場等待行李檢查時，會經常生悶氣，而且還會對這些他認為「很蠢」的服務人員大呼小叫。如今他了解人們有不同的思考模式，因此造成行為處事的不同。現在他對自己的行為感到非常抱歉，紅著臉對我說：「我很後悔過去的態度。」不像馬丁與丹妮這兩位後知後覺的「大腦多向思考者」，耐莉早已明白來自兩個不同星球，不同的行為處事方法。耐莉會心微笑地對我說：「其實我早就知道訣竅了，我知道如何與「一般人」共事：首先，我會先確認他們是否理解我的需求，然後我會讓他們依照自己的想法、節奏去完成事情。但在過程中，請記得要有耐心，不要從中干預，混淆他們的思緒與步驟。即使不用我的方法解決，其實事情到最後也可以做得很好。」沒錯，耐莉的想法是正確的。「耐心」與「善意」是溝通的先決條件。

因此，當我們了解到「一般人」線性思考模式與「大腦多向思考者」的差異後，「大腦多向思考者」不會因「一般人」的想法、所做的行為而受到傷害，同時也清楚知道「一般人」對於「大腦多向思考者」的誤解。如此一來，彼此都可以用客觀的角度，來看待相互間的不同。

一般人都怎麼想呢？

「大腦多向思考者」最常提出的問題是：「那麼『一般人』的思考模式，又與『我』有何不同呢？」一旦該問題被提出時，我們便來到了相互理解對方的階段了。

前文我們已經談了很多有關於「大腦多向思考者」的思考模式，這群人的大腦右半球是比左半球發達，而且神經衝動速度也較快。若我們說「大腦多向思考者」（右腦思考者）約占全球人口的十五至三〇％，其實也就是說明這世上有七〇至八五％的人屬於左腦思考者，用不同半腦的神經系統主導其思想與行為。由以上的數據來看，我們可以了解到「左腦思考」的這群人是屬於在「標準常態規範」的思考者，我稱這群絕大部分的人為「一般人的思考模式」。而「大腦多向思考者」則是被他們右腦的神經系統所主宰，因此便產生與「左腦思考者」不同的思考模式與行為舉止。吉兒・保得泰勒（Jill Bolte Taylor）在她所寫的一書《奇蹟》便詳述當經歷左腦中風後，她只能單獨使用右腦思考時，整個人生便產生巨大的改變，以及她的發現。

吉兒提供了許多非常有價值的資訊，讓我們了解到當一個人使用左腦或右腦思考時，整個人在思考與行為模式上，會有不同的表現。同時在她自己的案例中，也說明了一個潛在嚴重的醫療問題：吉兒曾說到當自己無法使用左腦時，她本身的行為與思考的模式幾近於亞斯伯格症患者，這的確是令人感到驚訝的事實。在此中風期間，她自己也感受到個性與價值觀的轉變。所以，我們便想要知道以「左腦主導思考」的人，是一個怎樣的人呢？

「一般人」的大腦神經系統

與「大腦多向思考者」相比，「一般人」的五官敏感度是相對差的，尤其嗅覺，顯得更薄弱。再者，對於覺察瑣碎細節的能力，也相對不謹慎，同時也缺乏洞察力。所以，「一般人」是不會擁有什麼千里眼、順風耳或松露鼻等等這些高敏銳度的感官。因此，也可以解釋為什麼「一般人」通常會忽略零碎的瑣事。針對一些細節的部分，他們經常會記不得或有記憶模糊的情況發生。

由此可知「一般人」對於吹毛求疵的程度一定是比「大腦多向思考者」低許多，當然也就不會如此強調「完美」。同理可證，「一般人」也就不會問太多的問題，因為這樣比較好說明他們自己的成就表現。首先，我們先說明「一般人」的「瞬間刺激反應的聯想機制」（inhibition latente）是處於自動模式的狀態：也就是說所有無關於或無用於當下該事件的資訊或突然間有令人擔憂的事件產生，只要與當下事件無關，當事者都會將這些不相關的訊息置之腦後，一點都不費力。因此該機制有助於「一般人」集中注意力，保持專注的狀態，也不容易被周遭環境影響而分心。舉例來說，當「一般人」處於紛亂吵雜的環境中對話時，其實還是可以很清楚辨認出對方的聲音。另外，若對方談話者的論述邏輯符合「一般人」線性思考模式的話，那麼兩者的交流更會顯得輕鬆，不費力。儘管音樂開得再大聲，對他們的對話是不太有影響。同時而言，相較於「大腦多向思考者」，「一般人」

更喜歡震耳欲聾的音樂、閃爍的燈光、霓虹招牌，還有所謂的「裝潢布置」，另外再加上無所不在的化學合成香味。因此，對於所有可以刺激感官的花花世界，都會讓「一般人」感受到許多快樂，有「活著」的感覺。以上的說明是否會讓「大腦多向思考者」感到很驚訝呢？

相較於「大腦多向思考者」，「一般人」是比較粗枝大葉，他們不會注意到對方說話時，所有的用字遣詞，還有聲調的變化，同時也不在意對方的肢體語言想傳達出來的意義。因此「大腦多向思考者」不用去期待「一般人」可以透過你言談中的隻字片語，了解到你想傳達的訊息。「一般人」是不會去想那麼多，也不像你這般的敏銳易感。那麼我們要如何惹惱「一般人」呢？只能透過很強侮辱性的字眼來批評他們，這群人才會有感覺。不然，剩下的一切，「一般人」都是不會在乎的。

吉兒・保得泰勒（Jill Bolte Taylor）也說道當她自己還使用左腦時，比較少表現出個人的情緒，但會經常有焦慮的現象發生。

可是在她的左腦中風後，她強烈地感受到對情感的需求。之前由於受到左腦的主導，對於鼓勵的字眼，她的感受度非常低，也無法感覺到對方友善鼓勵的動力。然而當她受到右腦主導時，對於鼓勵字句、情感或友情等的感受非常強烈，突然間，她也能察覺到人與人之間交流的能量，她說與人交流時，能感受有某些人會掏空她的能量，因此會迫使自己關上溝通大門。

然而，來自他人的善良美意，可以讓她重新開啟溝通的橋梁，也是讓她重新獲得能量的來源。她很清楚地說道，若是沒有來自親友間的情感鼓勵、長久支持與耐心熱情，她個人是無法康復的。對於「大腦多向思考者」來說，強烈地需要他人的情感、鼓勵與耐心，是非常重要的，不是嗎？你們可以在瞬間讀出對方肢體言語中，欲傳達的意義，了解到對方的心思；在冥想的狀態中，你們可以感受到與宇宙融合的經驗。因此，對吉兒而言，這一切右腦主導行為的經歷，都是新的啟發與經驗。當然對於曾經浸淫於宇宙大愛裡，及接近大自然察覺到萬物情感的你們，這些歷程都不是「一般左腦思考者」可以經歷到的認知體驗。

「一般人」的思維模式是線性化、一個接著一個的。我們可以將「思緒」這個動作，比喻成綁有好多結頭的長繩。當「一般人」遇到事件時，他是一個接著一個打開接續而來的結頭，往直線邁進，有條不紊地推展自己的論證。顯然地，如此思維的方式會花很長的時間。對於「大腦多向思考者」而言，當面對一位線性思維的對談者時，可能會讓你急得跳腳。尤其當你早已知道對方思緒的長繩可能是長之又長，而且思索繩上還有一堆大大小小的結頭時，更會讓你火冒三丈。相對於「一般人」，「大腦多向思考者」早已發現到這些瑣碎細節處，而且你的大腦早已開始運轉，思考如何跳過這些結頭，直接抵達長繩的尾端。因此如果此時「大腦多向思考者」在「一般人」正在思索時，突然提出建議方案，當下「一般人」會多多少少耐心地聽完你的想法後，最後還是按照剛剛被你打斷處，重新思索起。他們會按照流程步驟，一步一步完成他們的邏輯，打開繩結。不要強迫別人放棄自己思考的邏輯繩結，這一點對「大腦多向思考者」來說是很重要。如果你強制要求對方按照你的想法，如此一來你會惹惱對方或搞得對方很困惑！那是因為現今的教育體制採取的是直線性、有先後順序的教學方式。

這也不是說明發散性的思考有任何不對之處，只是在我們使用線性思考時，可以讓我們從該事件的「中心」出發，理解到事件的本身，有時當我們還未理解整個事件前，我們早已記憶下來。線性思考的模式，有其先後順序，從大重點到小細點：例如：第壹章→第一節→第 1 點→第1.1點到1.11或1.111等等。你們還記得瑪儂嗎？這位女學生要在課堂上發表一篇有關於義大利文藝復興時期的報告。如果她按照以上線性（階段性）的思考，呈現她的報告的話，那麼這報告將會非常類似老師上課教材的內容，有條有理，脈絡有序，當然瑪儂也得到滿意的成績分數。有先後順序的思維方式，如同一列火車順著軌道，持續往前開進。就長期的觀點來看，是會給人穩定、一致性的感覺。然而「一般人」的線性思考模式，缺少的是創新的見解及不一樣的想法。還有他們是永遠不會發現到問題，儘管整體看來事件的規畫方式是非常有條不紊，清清楚楚。

「一般人」的情感世界

相較於「大腦多向思考者」，「一般人」對於情感需求是比較低的。「大腦多向思考者」所認為膚淺、表面的人際關係，對「一般人」來說，便已經足夠了。「一般人」喜歡談論世俗八卦，駐足時下流行的地方，偏好分享相同理念的事物。「一般人」聚在一起的原因，其實都是為了找樂子。因此，這些行為也很符合他們自己的思考模式。

「一般人」喜歡一群人，大家聚在一起，嬉耍玩鬧。因為「一般人」不覺得有任何必要去改變這世界，因此也不會針鋒相對討論該議題。若你建議他們用另一種思考方法的話，「一般人」也不會認為有必要性，那是因為他們的邏輯正符合當代的思考模式。因此，「一般人」對於激烈的言論或革命性的思想，是會讓他們卻步，轉向討論其他的話題。而且「一般人」不喜歡將自己的內心世界剖析，用一種內省的角度來檢視自己，因為怕引起不必要的憂慮。只有當他們感覺到心情很糟時，「一般人」會使用私密或聯絡熟人的方法，來談論他們內心的世界。而此時「大腦多向思考者」喜歡傾聽並具有同理心的特質，正是「一般人」所需要的。然而一旦「一般人」心情恢復後，他們會重新拉開與對方的距離，再度找回自己舒適愉悅的空間，再跟大家一起閒聊找樂子。因此，這種情況對「大腦多向思考者」來說，是很難無法接受的。因為當「一般思考者」心情低落時，「大腦多向思考者」一直在旁耐心傾聽以及鼓勵他，這會讓「大腦多向思考者」以為自己終於找到知心好友，然而他失望困惑了。此時，「大腦多向思考者」便會得出一個結論，就是這些「一般人」只有在他們心情不好時，才會找他訴苦，利用完後，心情平靜後，便不再聯絡了。當然這會使他們忿忿不平，懷有怨氣。我要說明的是這一切都是「大腦多向思考者」的錯誤解讀：因為對於「一般人」來說，深層感性的知己對話只有在心情低潮時才會發生。

還有「一般思考者」也喜歡批評論斷，尤其針對不合於常規或準則的人事物時。對他們來說，批評論斷不是一種排擠的行為，而是希望該人事物可以加強改進。因此，他們喜歡對生活周圍的人事物發表評論。然而，如此的舉措會讓「大腦多向思考者」感到不舒服，他們很不喜歡處於低迷或者指責的氣氛下生活。在丹尼爾•譚米（Daniel Tammet）所著《擁抱無垠的星空》一書當中，說明在人類社會中，談論流言蜚語的行為，是一種社會功能，如同一群獼猴，在團體中大家相互抓跳蚤的道理相同。

所謂的「談天說地」，其實是建立社會群體關係的一種方式。其實這種聯繫方式，所注重的部分是在於評論某人做了什麼事，較少專注於道人長短上。如此的人際關係行為背後有其隱含意義，然而這是「大腦多向思考者」不擅長的部分，無法了解為何「一般人」總是在聊別人的八卦，那是因為「大腦多向思考者」本身並不需要在群體中相互抓跳蚤蝨子。

左腦使用者的心智

個人主義

「左腦使用者」趨向於個人主義，我們也可以說是以「自我為中心」的主義，然而「右腦使用者」偏好的是集體主義與利他思想。我相信「左腦使用者」的心智肯定讓「右腦使用者」感到吃驚！的確是的，尤其在「分享」這個價值觀念上，有其大大的不同。吉兒・保得泰勒（Jill Bolte Taylor）也坦誠自己左腦的想法的確會讓她的右腦感到訝異。在吉兒左腦中風恢復的期間，自己也被她之前所擁有的個人主義、小家子氣的貪婪想法等等，感到不可思議。她發現到「之前的自我」是隨時準備評斷及指責他人，而且一定不會錯過任何一件小事！「一般人」的個人主義是趨於結構導向甚於自願行為的多。「一般人」與他人交流時，他們會將重點擺在彼此的差異，然而「右腦使用者」在與他人溝通時，卻一直在尋找將兩人關係拉近的所有可能機會。

為了能夠完整地建立「自我」，人們必須能夠區分他人與自己的差異性。因此，我們發現「大腦多向思考者」竟是如此缺乏自我意識，更缺乏對自我的認同。他們只曉得「集體共同合作」。所以無法忍受孤獨寂寞，尤其當與伴侶分手時，這情況尤甚。佛羅倫斯分享她對親密關係的看法：「一旦有人走入我的生命中，我是絕對不會讓他離開。對我而言，人生如戲。所以，每個人都必須扮演相對應的角色。如果劇中缺少了某個演員，我們得要重新改寫整個故事的情節，更新所有的對白。」對於一段破裂的關係，佛羅倫斯繼續說道：「一旦我與這個男人分手時，我整個人覺得失去了一隻手臂。」

佛羅倫斯的說法同時也點醒了我：因為「大腦多向思考者」的思維是以整體的角度來看待某件事物，也就是對方與我無異，我們是一個生命共同體的想法。我的伴侶，就是我整個人的另一半。因此，主張個人主義的「一般人」對於這樣的想法，可能會無法理解。通常「一般人」會說：「我的伴侶並不是我。」或者更荒謬地回說：「哦，如果我的腿斷了[8]，唯一的辦法就是去看醫生吧！我才不在乎呢！」現在「大腦多向思考者」你終於知道為何心理操縱者能夠控制你了吧！因為只要操控者一旦確認他是你的大腿的話，他只要不斷重複地說：「能夠成為你的腿真好啊[9]！」（對不起，我實在忍不住想這樣說。）

「大腦多向思考者」將生命的旅程，看是一個巨大的花園，將茫茫的人海視為無垠的花草樹木。

而這個大花園是屬於每一個人的。你會想說：「花園裡有各式各樣的植物，真好！不然這花園一定很無趣呢！如果眼前有一大片樹叢及花海，哪種風景是最美的呢？又要如何選擇取景拍照呢？我們每個人不能離開這座大花園，有時我們可以選擇離開花海，去看樹叢；有時我們可以選擇遠離樹叢，去看看花兒。因為我知道無論我作何種選擇，我們都是會再次相遇的。」以上譬喻的說法，讓我們了解「大腦多向思考者」可以接受所有的不同，也道出了當他們在一段破裂的關係中，具有很強的忍耐度，對他而言也是深深陷入此困境當中，進退不得。

相反而言，當「左腦使用者」看到相同的一片叢林風景時，會把這風景看作是個獨立

8 與親密伴侶分手。

9 因為「大腦多向思考者」會把對方當作是自己，不斷地滿足對方的需求。而心理操縱者最擅長的便是花言巧語、用盡心機。

的花園，四周豎起高聳整齊的圍牆。花園裡，花草樹木的分類，非常清楚，可以區分出你我的界線。分門別類有助於將不同的事物區隔，也容易與該事物決裂。就是說「一般人」當對花園的景色厭倦時，只要簡單地選擇離開即可。因此，我們可以理解為什麼「一般人」需要對他人進行分類，打量對方，與自己相互比較，因為該座「一般人」的花園，是可以量測，得知面積大小，也可與其他的花園相互比較，更重要的是該座花園是私有財產。這座私人花園是屬於左腦使用者的，這群人偏好於計算測量，喜歡擁有資產，明明白白地定義出自我領土的範圍界線。

結構式的個人主義說明「左腦使用者」缺乏同理心而且「小氣」，相信「大腦多向思考者」會對此思考模式感到驚訝。簡單地來說，如果你是個左腦使用者，來到一個雞尾酒與自助餐的場合，你可能會大拿特拿長桌上的所有食物；但如果你是個右腦使用者，你可能會說：「我覺得每個人拿食物時，都應該節制些，這樣大家才有得吃。」隨後，你便拿起適量的食物。

但如果我使用左腦思考的話，我可能會想說：「看來大家都是拿得輕鬆愉快，所以我也不在乎，而且如果我現在不拿的話，更待何時？」請問你認為哪種人的想法，是比較合情合理的呢？你很清楚了解這世界上有七〇至八五%的人，他們想法是屬於個人主義，你認為他們的行為舉止合理嗎？啊！我聽到有右腦使用者，正在憤怒抗議說：「對啊！每個人都應該節制自己的行為，合理取用。」來吧，解放你的真我吧，「大腦多向思考者」！你沒有辦法在一個晚上告誡所有的賓客，尤其當中有八五％的人都是需要再教育！

這便是「大腦多向思考者」的矛盾所在：他們對待每個人都是平等的，但同時也希望自己能夠像一般人一樣。尤其「大腦多向思考者」的特質是不會放棄自己所堅持的信念及自己所認為正義真實的事物。所以在事實上，他們更希望所有的人都能像他們一樣，也就是在這自助餐宴會上，每個人不應該肆無忌憚地大吃大喝，罔顧他人！沒錯的，「左腦思考者」是「太」個人主義，而且有時自己還覺得還不夠，想要更多。如果真是如此的話，此時正是你好好學習照顧並且愛自己的時候。

關於「大腦多向思考者」一直希望自己能夠活得像「一般人」一樣，但事實上，這個的想法從一開始就是錯誤的。讓我舉個例來說：「大腦多向思考者」就像是一位音樂家，不時地想作大家都喜歡的曲子。因此，你開始抱怨人們對音樂都不感興趣，但是如果有人要求你組個樂團，找些樂手的話。你可能會被激怒地回說：「可是大家都是很優秀的音樂家！每個人都有權利作自己想作的音樂！如何將這群人組在一起？」沒錯的，既然你了解每個人都有自己的喜好，因此我們也有權利不喜歡音樂，而選擇自己愛好的足球吧！

事實上，「大腦多向思考者」的目的就是想找到志同道合的人，對價值觀有所堅持的人，他擁有與你相同強度的價值觀，你們可以相互交流。同時你也知道在「一般人」的身上，你找不到相同的堅持與信念，但別忘了他們有權利這樣做的。

灰色的價值體系

個人主義的價值體系相對於「大腦多向思考者」的價值觀來說，當然是較不嚴謹，也不絕對。這裡我所說的是屬於觀點的部分。由於「一般人」的價值觀不像「大腦多向思考者」這麼絕對，所以在實務上，「左腦思考者」的價值觀便顯得彈性靈活多了。「一般人」的思維喜歡中庸或模稜兩可的事物……沒錯，也就是傾向「溫和」的人事物！對於不正義的事件，「一般人」也不太敏感。這種反應其實對他們來說，也是完全正確的（因為可以免去過多的擔心！）因此，他們更不會發現你敏銳的感受度與觀察力。另外，他們的推理邏輯中也屬於宿命論的形式：「左腦思考者」可以接受這一個不完美的世界。因此「大腦多向思考者」會很驚訝地發現「一般人」的價值觀與他們正是完全相反。維若妮卡訝異地說道：「在我的印象中，如果社會上突然發生一件嚴重事情時，根據『一般人』的暗碼語言，所說出來的話都是『最好社會不要太亂』等等的字眼。大家會選擇保持沉默，盡量不捲入是非當中，抱著大事化小，小事化無的態度。如果有人大聲譴責這是一件不正義的事情時，大家會把這人看作是一個麻煩製造者。」但有趣的是，「左腦思考者」卻也常在他們自己的小圈圈裡，興風作浪。儼然「右腦思考者」是個專門製造問題者，而「左腦思考者」則是一位專門調解事件，穩定社會秩序的人。

對於「左腦思考者」而言，評斷外在的事件或指責他人，都是一些很正常的行為。然而他們卻很少批評檢討自己。你認為在日常生活中，「左腦思考者」常會不斷地追問或評判自己嗎？不會的，他們一點都不會。基於這個事實，我們也就不用過度期望「左腦思考者」會有反省自我的行為。因為他們在這個社會上一切適應良好，所以也就不需要一直努力提升、改進自己了。

「眼見為憑」是「左腦思考者」所秉持的道德觀！「一般人」在一般情況下，不容易產生罪惡感，然而對於「羞恥心」卻又非常敏感。當有一位「左腦思考者」在大庭廣眾下，做出違反社會秩序或不誠實的行為時，又被當場逮捕。他為了保住自己的面子，當下會辯解自己的惡劣行為。然而對「右腦思考者」來說，則並非如此。當他面對自己犯錯的行為時，會自動承認並且承擔自己的過錯，設法彌補這過失。

自我感覺良好

「左腦思考者」的大腦本來就不是用來生產疑惑或問題的一座心智廠房。因此，這也讓他們可以四平八穩地坐在「確定性」的沙發上，肯定自己。也由於他們的思維方式並非發散狀，所以也不會四面八方去尋求各種答案的可能性或尋找失敗的原因。

因此，「左腦思考者」採取行動時，通常都是滿懷自信心與確定性。相信自己是個好人，身處於正確的地方。有的人更認為自己很有能力，也從不懷疑自己熱情的所在。「一般人」很放心，也很確認自己的想法行為，那是因為這世上有七〇至八五%的人都跟自己一樣。因此，「左腦思考者」容易建立「自我」的認同，在這社會上找到屬於他的位置，感受到自己被群體接納，漸漸地形成個人的「自信心」。也由於以上所有的一切條件都會讓「左腦思考者」覺得自己才是真理（真實的存在），這也就是他們為什麼有時會毫無顧忌，隨意地論斷他人。

如何在一般人之間活下去

然而，對於「大腦多向思考者」的喜怒無常與多愁善感，「左腦思考者」是相當困惑的。前文已說明「左腦思考者」不善於發散性的思考與同理心的分享，這是由於他們大腦結構的緣故。他們擅長做的事：即是批評與論斷。我再次說明「批評論斷」對「左腦思考者」而言，不是一個負面的行為，而是協助該人事物改善進步的方法之一。因此，儘管在他們良善的想法中，當他們論斷他人時，並沒有意識到這行為會產生巨大破壞性的影響，尤其對「大腦多向思考者」而言。依照左腦思考者價值觀，通常會把「大腦多向思考者」的人格特質視為負面價值，批評這些人不成熟、不穩定，過於天真，過於情緒化。還有他們問太多問題了。左腦思考者還認為右腦思考者的特質就是會把生活搞得很複雜，產生許多不必要的麻煩；也認為這些人什麼都想做，但什麼都做不好，甚至還說他們做太多了。

無疑地，對「大腦多向思考者」來說，長期活在「左腦思考者們」的否定論斷下，會讓他們感到痛苦，也難忍受。「左腦思考者」常對「右腦思考者」說以下的話語：

「你的想像都是天馬行空，你的擔心也都是沒有根據的。」否定「大腦多向思考者」意識到危險的存在。

「你在意太多事了。」否定「大腦多向思考者」擁有豐富情感的存在。

「你太敏感了。」用文字暴力否定「大腦多向思考者」。

你可以試想「大腦多向思考者」長期聽到以上對他們否定的用語，當然會更加懷疑自己，更缺乏自信心。舉個例來說：當你明明看到的天空是藍色時，但假如有八五%的人都對你說：「天空是紅色的」，請問你的信念會堅持到何時呢？

「左腦思考者」對自己是充滿了確定性，也相信肯定自己，用簡單的信念貫徹他們所信仰的真理：「要有成功的人生，就必須努力工作。」或者淹沒在自己美好的感覺裡，說些空洞的話，安慰自己：「日子總要過下去啊！」當面對失敗時，還會很自豪自己的智慧說道：「塞翁失馬，焉知非福。」同時，他們還會給「大腦多向思考者」自以為很棒的建言：「算了，別想那麼多了。往前看！你會遇到更好的人，重新開始你新的生活！」然而這些適用於「左腦思考者」的話語，對「右腦思考者」來說，可是一點都不實用。

大腦多向思考者：「要我不要再想了？怎麼可能不去想呢？當有個不分晝夜，全速運行的大腦渦輪發動機，我都不知道開關在哪，如何關閉這些想法呢！怎麼可能不去想？」「要我忘了過去，往前看？我不知道左腦思考者是如何看待『分手』這事？對你可能只是一個小小的擦傷或刮痕？可是當你知道我的一隻胳臂斷了，我要如何繼續往前走？」「你可以開始認識新的人？這麼快？我已經從我過去的分手中康復了嗎？下次的戀情，我得要更加小心些。左腦思考者重新開始與不同人約會，在他看來這跟呼吸空氣一樣簡單！但要我重新開始新生活？生活不是『重來』，是繼續要跟這爛攤子一起過活。直到哪天我完全將這件事融入到我生命的風景中為止……。」

所以，你可以看到，左腦思考者實際上是與右腦思考者的想法非常不同。你也可以說這兩者來自不同的星球，所以你所感受到的差異是「客觀」的。因此，也希望「右腦思考者」不用再期望自己會變得跟「一般人」一樣。在這世上，至少還有十五至三〇%的人，跟你有相同模式的想法、堅持的信念與價值觀。因為你們不同於「一般人」，便將自己隱藏在茫茫人海之中，並企圖否認自己的存在。此時，正是將你特異之處，表現出來的時候到了。

如何擁有找到對自己有益的人的慧眼

透過以上的說明，現在你可以容易分辨出你交流的對談者是位左腦思考者還是右腦思考者。但我們還是要學習存在我們四周可能的「心理操縱者」。若想要進一步了解「心理操縱者」，可以參考我之前的作品，該書中詳述「操控者」的樣貌與行為。儘管「大腦多向思考者」不接受人們有其天生的差異性。但我還是認為了解左腦思考者、右腦思考者的差異及操控者的個人特質非常重要。我必須很沉重但堅定地對「大腦多向思考者」說：當你遇到「心理操縱者」時，你所能做就是逃離他，別無他法。的確，我實在很難過地對你這樣說，但事實的確是如此。「心理操縱者」真的是非常危險。然而，當你遇見「左腦思考者」時，情況則不同。記得不要一直追問他們為什麼是這樣做，而不是那樣做等等的問題，這群人的確是可以讓你受益良多。同時我希望你能夠放下他們的意見與批評，而是去發現「左腦思考者」與生俱來的優點：例如，當下簡單的溫暖、快樂單純的嬉鬧時光、個性的沉著穩定等等……。

為了將「大腦多向思考者」的智力發揮至極大化，最簡單的方法就是找到你的同類，與他們聚在一塊，大家一起腦力激盪，共享相同的價值觀、幽默感及敏捷的思維，當你們在一起時，可以輕易地察覺到對方的情緒，也可以共同討論人生哲學的問題等。想想跟這些人在一起是多麼有趣啊！終於有人可以了解你的隻字片語，終於有人可以知道你的想法，終於有人可以激發你的想像力。同時，你也可以在這群同類人當中，找出一個適合發展親密關係的對象，共同分享一些激盪的對話，私密的語言，因為他（她）跟你擁有相同的價值觀。最後，你終於可以放鬆心情，潛心於你們信仰的價值體系。

但也要注意的是，由於「大腦多向思考者」是個潛在的情緒炸彈，所以千萬不要與親密伴侶一起引爆！請維持你的敏感度，非常小心地看護你的情緒。

「保護高度腦力開發造成困擾者協會」（GAPPESM）對於情緒管理列出一套自

我控管的方法，稱之為「預防大腦過熱準則」（請參閱GAPPESM的網站：http://gappesm.net），這些自我情緒管理的方法，希望可以幫助「大腦多向思考者們」經營他們的人際關係。我摘錄一段「預防大腦過熱準則」裡的內容：「每一位與『大腦多向思考者』在一起的親友，首先必須了解到『大腦多向思考者』擁有一顆『發燒過熱的燈泡』大腦，因此他們特別地敏感，甚至可以說是反應過於激烈，有時情緒高昂，有時跌落谷底。當情緒激動時，由於缺乏說話的技巧及深思熟慮，他們所說出來的話，會不經意地中傷對方，也通常會深深地刺傷對方的心。」

沒有任何方法可以承受過多的愛

最後一點但也是最重要的，「愛」是「大腦多向思考者」人際關係中的情感問題。就「一般思考者」的角度來看，「大腦多向思考者」是一位會給予對方很多愛的人，不管就質與量的方面來說，他們都愛得太多了。「愛」的價值在「大腦多向思考者」價值觀中，無疑地是屬於「完全絕對」的概念。但諷刺的是，他們所堅持的完全絕對的「愛」，正與現今社會的價值觀發生衝突。「大腦多向思考者」表達「愛」的方式，來自於「尊重」和「溫暖」

面向。

從心出發

「大腦多向思考者」與生俱來的本能，便是對所有的人事物都賦予崇高的意義。本書的一開始即說道「大腦多向思考者」一切的行為處事，都是根據「心」的想法為基準。更確切地說，他們所做的一切事情都是從「心」出發，因此不可避免地，無論做什麼事，面對什麼人都會帶有情緒（當「大腦多向思考者們」聚在一起時，大家也都會有相同的特質，擁有易感的情緒！）。但也由於你們全觀的思維模式，發散性的思考串聯，當你碰觸某人或事或物時，都會引發你的聯想。「對啊！這件毛衣雖然很破舊了，也起了毛球，我還是沒辦法扔掉它！因為我曾穿著它在U2的演唱會上。還有我第一次吻茱莉時，也是穿這件毛衣！」我知道這些話會讓你微笑，但這毛衣已成為一件神聖不可侵犯的物品了。

從以上的故事來看，若以「一般思考者」的角度的話，會認為「大腦多向思考者」的思維方式是屬於聯想式的多愁善感或者可以說是「神經質」。但我會說「大腦多向思考者」的想法是屬於啟蒙的「萬物有靈論」（animisme），也就是說當「大腦多向思考者」走過的每個地方、觸摸過的每個物體，遇到的每個人，他都會付出自己的靈魂，深深地將這些人事物刻在心坎裡。所謂的「萬物有靈論」其實是一種思想的系統，認為我們身處的大自然是一種動態流動的狀態，每個事物都有它一個精神實體或靈魂的存在。「萬物有靈論」不是一個簡單膚淺的說法，而是所有宗教原始起源的模式，具有崇高的神聖感。因此對「大腦多向思考者」來說，眾生平等，萬物皆值得尊重與重視。

其實「萬物有靈論」的想法，已經大量地體現在某些東方國家中，當地的多數人多以「右腦思考者」為主。在他們的日常生活中，每個行為舉止的背後，都有其社會儀式或風俗習慣的意義。

在東方，有些文明尚未被西化之前，存在許多神聖的儀式與風俗。對西方人來說，這些古老的儀式風俗也許是難以理解，有的還會被認為是奇怪或愚蠢的。例如，法語salamalecs[10]譯為「過於誇張的禮貌」，即含有貶抑的意味在其中，然而該字原本在土耳其的意義是指兩人相遇時，互打招呼同時建立和善對話的禮節。在日本，僅就喝茶這件事來說，也是個複雜的儀式。然而對於「大腦多向思考者」來說，其實可以很容易接受這些東方的禮儀風俗。因為他們可以了解這些行為中細膩又含有敬意的暗喻邏輯。其實這道理

10在東方土耳其，兩人相遇的招呼語。

再明白不過了：當我們將靈魂投注於當下所做之事，也投注大量的精力與時間時，我們會獲得非常強烈活在當下的感受。舉例而言，用日本茶道的方式來品嘗一杯茶，你會得到前所未有、無以比擬的茶香。選擇活在當下，擁有寧靜和諧及感念，其實也是種智慧，而非是一種不成熟的情感表現。

「大腦多向思考者」對情感的強烈需求是場天大的誤會

若以「一般思考者」的角度來看的話，認為「大腦多向思考者」對情感的需求是非常強烈而且也不合時宜的。沒錯，「大腦多向思考者」的確是需要很多的親情與感情。小時候，這些「大腦多向思考者們」常常被叫做「強力膠」，總是黏在媽媽圍裙的後面。因此，我們便會產生一種錯誤的想法，認為他們在情感上是不成熟。

「一般思考者」會把這些對情感需要的表現行為，看作是一種「情感的真空」，然後自己詮釋這些人非常需要愛的關懷。因此，也把自己的詮釋告訴了「大腦多向思考者」說你們真的非常需要愛的關懷。結果，竟然「大腦多向思考者」也接受這樣的說法，被它制約了，相信自己時時刻刻需要情感的依靠。以上的說明與「大腦多向思考者」個人本身擁有「真空的自我」與「虛假的自我」有關。

然而，對「大腦多向思考者」的愛情心理機制而言，「非常需要愛的關懷」的說法其實是一個莫大的誤解而且是荒謬的認知。其實這個需求與給予的情感機制，對於「大腦多向思考者」來說，正好是相反的。事實上，他們本身即擁有大量的愛，當他們接收到他人的情感時，受到感動，因此毫無保留給予對方更多的愛。

現在我們假設「大腦多向思考者」是個缺乏愛（情感）的人，也就是說他們心中有個「愛」的大坑洞，需要其他人來填補。那麼我相信他們一定沒有辦法跟「心理操縱者」共同生活（或生存）超過半天以上！正是因為他們擁有許多愛，所以願意去給予，願意去分享。由於「大腦多向思考者」是個充滿愛的人，而此時「心理操縱者」的出現，他的感情世界是如此的空虛，正好讓「大腦多向思考者」有機會給予對方大量的愛，但最後這「心理操縱者」會將這口愛的水井，汲取到乾枯為止。我的一位「大腦多向思考者」諮詢者證實我以上的話。她提及與她男友的關係，一開始是處於戀愛的狀態，但到最後她發現她的男友不但是個操控者而且還很清楚我的諮詢者是個什麼樣的人。因為她的男友在寫給她的信裡說道：「你的愛如湧泉般，源源不絕。」正因為「大腦多向思考者」認為填滿「愛的水庫」是自己的一種責任，也是一種快樂。所以，他們盡可能地給予對方無限的愛，一來他們認為給予無限愛的關注，可以讓對方平靜下來，二來他們自己也覺得有必要完成填滿「愛的水庫」的使命。所以，「大腦多向思考者」並非缺乏愛。

既然「心理操縱者」本身不是「愛」的水庫，所以他不會給予他人關懷，也不需要對方注入大量的愛。因此你的愛是枉然的，投注於乾涸之中。其實這正也是許多「大腦多向思考者」二、三十年來不歸路的寫照。這同時也說明了「大腦多向思考者」本身擁有源源不絕的愛，即使沒有其他愛的注入，他們還是可以持續得灌注對方許多的關懷！那麼到底他們在哪裡找到這龐大的力量，可以持續投入無限的愛呢？當他們身處於情感荒漠與受虐關係中，又如何能夠維持如此的樂觀、朝氣，有活力、有愛呢？

經常有「大腦多向思考者」會對我說，其實他們的心中有個祕境，對這祕境有很強的依戀感，因為這祕境可以喚醒他們心中無限純真的愛及流動豐富的情感。他們把這祕境歸於他們的前世或星界之中。對他們而言，祕境對他的召喚是如此痛楚，有時還會讓他雙眼垂淚：因為他們知道在這世界上的某個角落，存在著一種無法形容、非常強大，且扣人心弦的愛。然而，持續對這祕境的懷想是無法改變事實的，因為這祕境早在「大腦多向思考者」感受到它之前，便已存在了。記住吉兒・保得泰勒（Jill Bolte Taylor）說過，當她使用右腦時，突然發現自己愉悅地沉浸在宇宙的大愛裡。其實那就是祕境了，祕境提供

「大腦多向思考者」源源不絕的「愛」，它是「愛」的發源地。「豐富強烈，無邊際的愛」是「大腦多向思考者」愛的特質。他們「過於善良」只不過是「大愛」中的冰山一角。現在我相信你也了解到他們的良善為什麼是屬於自動模式，無論什麼人都可以開啟。因為他們的愛是取之不盡，用之不竭的泉源。然而，對於「一般思考者」而言，卻將這源源不絕的「愛」視為是負面的表象。

有些人難以理解「大腦多向思考者」為何擁有無限的善意，便處心積慮地惡意測試，這些人正是心理操縱者，他們不相信世界上竟然有人可以無條件給予大量真誠的愛，讓你予取予求還不用回饋，這實在太令人不敢置信了！心理操縱者認為「大腦多向思考者」給予他人無限的善良真誠，目的是購買別人的「愛」。基於這種想法，心理操縱者趁機利用並操控「大腦多向思考者」。

有人認為「大腦多向思考者」需求強烈且大量的情感，這實在是非常大的誤解。以情感需求的例子，我們可以用另一個角度來解讀亞斯伯格症的「冷漠」。我相信大家都同意以下說法，他們本身不需要情感：不是因為本身對情感的需求很低，就是他自己根本沒有必要對外尋求情感支持。因此，我非常肯定亞斯伯格症本身已經擁有非常多的愛，跟「大腦多向思考者」一樣。不同的是，亞斯伯格症的人不知道將他的情感給予誰，有誰可以接受，所以放棄給予他人愛的關懷。這樣也就可以說明他們憂鬱的原因。但是我們別忘了亞斯伯格症是一群樂心助人又善良的一群人。

我誠心地對「大腦多向思考者」說：請不要對外去尋求「愛」，用你自己的愛餵養自己，並讓你的天真良善發光發熱。一旦你越了解你自己，便越能接受你自己。當你本身越正向積極時，你就像一個磁鐵般，吸引越來越多與你有相同能量的人來到你身邊。你所尋求的「愛」，就是你自己，會幫助你來去自如，自由自在。

成為他人的標準就是你的任務

這是一個無奈但又宿命的說法，「大腦多向思考者」存在於地球的使命，就是做個調音音叉，校準人們的行為舉止[11]。由於你與生俱來「絕對完全」的價值觀，無論別人做什麼、想什麼，你都看得一清二楚，那是因為你要求單一，無二準則。用個比喻來說，我們將這世界上的人，看成是各式各樣的樂器。在你身旁的人，都能以你為準，校準他們自己樂器

11音叉主要用於樂器調音，擁有一固定的共振頻率，受到敲擊時，則會產生震動。

的頻率是否正確，或者需要加以調音。如果你發現有一個人（樂器），他（她）的音準是與你相同的，頻率與你一致，那麼他（她）便是一個真誠實在，心理健康的人。當一位真誠健康的人認識到一位「大腦多向思考者」時，對他（她）來說，實在是一件美妙的事情。但是，如果「大腦多向思考者」遇到一位與你頻率不同的人時，對他（她）來說，也是一個好機會，他（她）可以藉由「大腦多向思考者」，學習到不同的價值觀，改進自己。無論如何，我們所有人都可以回憶起過去與人相逢的經驗或對談中簡單的字句，而這些所有的經歷都會觸發我們內在的善良本性。總之，一切的改變，還是取決於自己決定改變！有時你遇到一位「大腦多向思考者」時，你可能會覺得是件困擾的事，想快點遠離他，與他保持距離，或是自己掩耳遮眼，假裝沒看見自己虛假的個性。當然，人生的旅途中，還是會有一些討厭音樂的人或裝出會玩音樂的樣子，其實他們目的是在搗亂整個樂團和諧演奏的人，但他們可是看起來都非常正直的樣子。當然這些人是最討厭校準音叉的人，所以為了達到一己之目的，一定不會讓「大腦多向思考者」發出聲響，與大眾產生共鳴！

現實環境與「大腦多向思考者」的價值觀及個性顯然地是有相當大的落差。我相信「大腦多向思考者」很清楚感受到該落差的存在，但是也許並不清楚這差異到底有多大！

當你現在閱讀到我的詮釋時，你才恍然大悟之前你所有過的經驗都其來有自。當然你非常清楚當下的現實世界是多麼令人震驚與荒謬，因此你現在所需做的事就是對這原本不是你的世界保持開放的態度，了解這世界的運作模式。透過與現實環境的衝突，可以幫助你釋放，擁有自由。漸漸地，你可以按照自己原本的樣貌過活，並獲得寧靜。就讓現實世界維持原狀吧！而你現在所缺乏的是對現實世界的使用說明書而已！

當閱讀本書時，你不僅可以了解你自己，也更可以了解其他人的想法，也明白了到今日為止，你所經歷的一切都與你背道而馳的原因。試從左腦使用者的角度來看，右腦使用者所擁有頭腦發燒的世界是如此荒謬，不可理解，其實右腦使用者看左腦使用者的行為處事，不也是無法想像嗎？總之，「大腦多向思考者」請不要回頭向「一般思考者」求救，詢問「你們到底是誰」你只是緣木求魚，無法得到答案，因為你的大腦運作模式是左腦使用者無法了解的。待你閱讀到本書的第三部分，讓我們一起尋找答案與解決之道吧！

| Lesson Ⅲ |

總是想太多的人的「生存之道」：從「獨一無二」的人變成「特別」的人

1 以為自己是醜小鴨的天鵝

由於「大腦多向思考者」的大腦如石磨般24小時不停地轉動，早就知道自己與一般人不同，也很清楚地知道自己與現實環境有相當的落差。我相信許多的「大腦多向思考者」在閱讀本書的同時，他們的情感反應是相當激動的。我所希望的是「大腦多向思考者」在閱讀完本書後，更能相信自己的直覺；同時在直覺觀察事物後，更能掌握其中所得到的意義。因此，經歷以下階段不同情感的衝擊後，你將成為更有自信的人。

放下心中的大石頭

首先，在第一個階段的情感反應，就是你現在可以鬆了一口氣，大聲地對自己說道：「我沒瘋！」終於有一本書的出現，是專門描述你們這群人，分析「大腦多向思考者」。因為這群人在日常生活中，常常不經意地感覺到自己與他人格格不入。你常問自己：「我到底有什麼問題了？我到底有哪根筋不對了？」每天至少有十次，你會問自己這樣的問題。因此當我與這些「大腦多向思考者」對談時，首先我都會說明由於他們的神經系統與一般人不一樣，因此造成自己在行為與思考模式上都與一般人不相同。然而令人驚訝的是他們很震撼地對我說，這是有生以來他們第一次聽到有人用正面積極的方式，來解讀他們的經歷，同時也相當認同我的陳述及前後一致的邏輯！可是為什麼「大腦多向思考者」如此驚訝呢？那是因為他們早就習慣別人給予自己負面的評價，對他們說道：「你太敏感了」、「太神經緊張了」、「情緒非常不穩定」、「很不成熟」或「你想得很複雜」等等的評語。

啊！最後終於有人會察覺到在這世界上有紅外線的存在，而不是只有紫外線光而已，和諧地將這兩種光譜擺在一起，各不偏頗，等同重視這兩種光線。其實，「大腦多向思考者」的遭遇就如「醜小鴨」的故事一般，你驚然發覺自己是隻天鵝。若我們先不考量那些「精神操控者」的行為涉入你們的日常生活的話，我相信現在你們一定會對自己是天鵝這回事，產生懷疑！每當我與這些「大腦多向思考者」交談時，他們總會不時懷疑我對他們的診斷是否有誤？為什麼我可以如此肯定？因此，我便從頭開始說明：首先，這群人擁有超敏感的五官，是位理想主義者，但「假我」的存在讓他們自我真空的情況。在說明過程中，他們的不斷地點頭稱是，承認他們自己如我所描述的「大腦多向思考者」的樣貌。同時，我也向他們解釋了神經系統與一般人不同的緣故。因此，我還能再多說什麼嗎？

當然，我還是會有疑惑，對我的解釋猶豫不決的時候。這時，他們會幾乎跳了起來說：「啊，你看！你也是不確定啊！」沒錯，有一位「大腦多向思考者」正確地詮釋了我的猶豫，但他也給了我一條解套的繩索。他說道：「我明白了！要你證明我是位『大腦多向思考者』，就像我要你證明握在我手中的橡子，到底是不是從橡樹上掉下來的道理是一樣的！」沒錯，他說得有理，的確是如此。對於還存有疑慮的人，仍懷疑我的論點的話，事實上我也沒有任何再多的理性解釋能證明我的說法。但言而總之，我非常清楚我的論點，也很確定我的看法。

情緒如雲霄飛車起伏的五階段

短暫地放下心中的大石頭是「大腦多向思考者」一開始的反應。之後，他們需要時間來消化我的說法，才能豁然開朗地懂得過往的經歷，其實都有其存在的意義。這樣他們才能重新寫出他們人生的新篇章。

現在「大腦多向思考者」終於明白，他們總是不停地問問題，所以媽媽才會精疲力竭；

當他們想分享新發現時，學校裡總有人會嘲笑他；經常與學校老師發生衝突或無法專心上課等情況，即使還是有熱忱的老師會出現在「大腦多向思考者」的生命中。一旦他們可以重新解碼過去的經歷，自己將會很清楚了解到現今與未來可能會遇到的障礙與困擾，而這情況也可能伴隨一生。維若妮卡聽完我的診斷，反應激烈地回說：「你現在告訴我得了是種瘟疫，不治之症！唉！我一輩子永遠都不會跟別人一樣了！」而當我用醜小鴨的比喻來說明她時，突然間，她哭了起來：「可是，我這一生都是與鴨子為伍，那成為一隻天鵝又有何意義呢？」「醜小鴨變天鵝」的譬喻已不能再安慰「大腦多向思考者」了。雖然天鵝與鴨子都是飛禽動物。可幸的是，我早已習慣「大腦多向思考者」的情緒風暴了！經歷這場悲傷的暴風雨是必經之路，隨後「大腦多向思考者」會調整自己，走過不同階段的心理過程，逐漸成為一位正常的人。

(1) 拒絕，否認

正如我前文提及，當「大腦多向思考者」聽完我的分析後，會有以下的回應：有些「大腦多向思考者」在我們下次碰面時，會忘了自己是隻「天鵝」；有的人還會在每次對談時，一直與我爭辯自己是不是「醜小鴨」的論點；還有的人會拒絕接受我的說法，乾脆不回診，一停便停了好幾個月。無論如何，「時間」是最好的良藥，幫助他們思考。

因此，通常「大腦多向思考者」聽了我的解釋後，當下立即的反應便是開啟他們大腦中的存疑機制，響起「拒絕承認」的信號。

當然，還有其他的人會否定我的論述，不相信自己需要重建個人生涯規畫。這也使得我的諮詢工作，變得更加困難。但就大多數的「大腦多向思考者」來說，會逐漸地接受我的說法，迫使自己面對自己。而這整個巨大的改變，也將影響他們個人的信仰價值體系。

(2) 憤怒

經過以上「否認」的階段後，「大腦多向思考者」會產生憤怒。憤怒的原因是他會想知道為什麼過去在求學時期要平白無故接受成績不佳的事實[1]，以及在童年時期為何要遭受到不被理解的痛苦。同時，他也會對社會與教育人員感到失望，氣憤學校的老師為何沒有好好開發他們的智能？對曾經診療過他的心理諮商師也感到不滿。因為這社會上真的很

1 由於教育體制不符合他們的思考模式。

少人了解「大腦多向思考者」的情況，因此他們感到難過氣憤。這時候，有的「大腦多向思考者」也會問為什麼這社會上的人不能友善地對待他們？更氣自己超轉速的大腦，讓自己與眾不同，產生無數的問題，阻礙人生等等的不滿。當然，這不滿也包括為何這社會上的其他人都沒有考慮到世界上還有不同人存在的事實。說真的，「大腦多向思考者們」的夢想之一，便是有一天自己可以融入一個充滿博愛與人性化的社會中。

⑶ 討價還價

最後「大腦多向思考者」來到「討價還價」的階段，他們還是想要了解「一般人」的世界到底如何運作，因為他們多想讓自己融入這社會中！

但「大腦多向思考者」要如何做，才能融入這社會呢？要他們放棄自己的完美主義嗎？要他們接受這不完美世界與宿命論？還是要跟「一般人」一樣，成為一位個人主義者？或是沉迷在那些弱智的電視節目上？或跟大家一樣，多聊一些天氣的話題呢？還是在晚會上，要像隻花蝴蝶，到處與人攀談？對「大腦多向思考者」都是不可能做到的！但要如何找到與你擁有相同靈魂的人呢？因此，不要為了得到他人的接納，再讓自己模仿別人，難道你想分享相同的思考模式及世界觀？我也相信在一大群人的討論中，「大腦多向思考者」似乎難有空間能加入對話。更不要提當你身處於一堆群聰明才智的人當中，你會不時感受到自己的愚蠢，還有一種無法形容的恐懼。我知道你是無法忍受這群自以為是的左腦精英分子！也因為如此，要你承認自己是隻天鵝，的確是一件不容易的事。

所以，身處於在這群左腦思考者當中時，「大腦多向思考者」應該要玩的是智力遊戲，讓他們感覺到你很有趣，然而這遊戲對你來說，很快地會變成一種「純為思考而思考」的活動。當「大腦多向思考者」加入在團體諮商小組時，通常他們會被視為一群擁有「低自信心」的人，而無法在這團體中找到自己的位置。因為只要「大腦多向思考者」一開口，大家就覺得他太複雜了。然而當「大腦多向思考者」聽到別人高談闊論時，會認為這個人：「才是一隻貨真價實的天鵝，太厲害，什麼都可以侃侃而談！我都沒辦法做到！」另外，也由於「大腦多向思考者」擁有非常感性的一面，容易產生同理心，如同情緒海綿一般。如果他身處在團體諮商時，一定會大量地接收他人情緒，而倍增罪惡感。

⑷ 低潮期

在正常的情況下，當「大腦多向思考者」發現自己特殊、不同於他人之處，一定會有如一隻被打敗的公雞，士氣低沉，相當脆弱。因而，有的「大腦多向思考者」會產生憂鬱症，有的人會持續一段很長的時間。儘管「大腦多向思考者」一開始便很清楚地知道自己與「一般人」不同，但還是難以接受這個事實，也很難捨棄「無法再成為一般人」的這個想法。

因為這個現實世界永遠不會依照「大腦多向思考者」所希望的樣子而存在的，而他們也終要永遠地活在這個不符合他樣貌的社會裡。「大腦多向思考者」的一生要持續不斷地適應現今的社會，但心中一直懷抱著對祕境的想像。啊！那一個美好的理想大地，是屬於我的地方。唉！如果人們做事都符合於邏輯的話……沒錯，但事實並非如此。總之，這現實環境並非如你想像的世界。因此，我們只能盡一己之力，把事情做好。「大腦多向思考者」深深地嘆了口氣：「唉！如果這世界是完美的話……。」

(5) 接受自己

其實作為一個「大腦多向思考者」就像是一個包有毒物的禮物。當然這禮物與其他禮物長得都一模一樣。因此，我們作為一位「大腦多向思考者」也有權利可以活得快樂無憂。

首先，邁向幸福的第一步就是接受自己。沒錯，你的大腦的確轉得發燙，24小時不停地轉動，燒到大腦都沸騰了。所以，就讓我們一起拿起香檳，乾杯慶祝吧！如果你酒力還行的話，請暫時忘掉你高敏度的感官，乾杯吧！

好好地控制腦袋裡的想法吧

當我閱讀其他有關於「大腦多向思考者」的著作時，發現書中所描述「右腦思考者」，都說這群人非常情緒化或常感到鬱悶，但事實上我們都不知道這禮物到底發生了什麼事，只知道它有如一坨毛球而已。

之所以成為「大腦多向思考者」，某些成因是客觀環境造成的。從孩童到求學，他們不斷遭到他人排擠或霸凌，自己也搞不清楚到底身體或生理上哪裡出了問題。同時也無法理解為何與他人相處時，有格格不入的刺痛感。當踏入職場後，由於從事低於本身能力的工作，過於勝任現職的結果，也有人因此受到同事的排擠嫉妒。為了迎合他人、適應環境，「大腦多向思考者」不得不戴上虛假的面具。因此，經歷過以上的情況，你可以想像「大腦多向思考者」整個人混亂的身心狀況，再加上自己過於敏銳的感官容易接受外來的刺激，還有個人複雜的情感生活等等。如同雅理・亞達所說：「做為一個『天才』的成人，實在有說不出的落寞」。

以上所言，完全正確。但請問「大腦多向思考者」要因此改變嗎？沒有必要的。你的樣貌從來就不是要永遠處在沮喪當中。那是因為你天生具有高敏度的感官，讓你的神經系統感受到超於常人數倍以上的刺激感，你的日子是可以活得多彩多姿的。因此，在你內心的深處，一直潛伏著沉穩有力的悸動。聽我一個好建議，體驗幸福快樂的生活方式，即是大量地開發你網狀發散的思維模式。現在你知道自己哪裡出了問題，需要智力挑戰的你，便可以開始著手解決這些疑難雜症了。但在你傷口癒合之前，請戒慎兩個陷阱：負面的想法及憂鬱成癮的習慣。因此，你已經預備好傾聽初春的鳥鳴了嗎？現在正是奪回大腦思維主控權的時刻。我相信你是知道如何達成的！

直通的鬱悶情緒

我們每個人在日常生活中，都或多或少有一些規律的習性、慣性的思路。這些習慣會使得我們不加思索地、以機械化的態度處理事情。

舉例來說，我們準備早餐的流程或晚上洗澡淋浴的順序，有人可能喜歡將沐浴乳塗抹在肚臍的四周，然後畫同心圓向外擴散；有人習慣從肩膀開始清洗，然後上下塗抹沐浴乳。其實這些行為習慣都是一種無意識的制約模式。試想我們若把石膏裹在胳臂上受傷的關節處，當你上下舉手時，都可以感受到手臂無形地被石膏模制約住了。由以上的例子得知，若我們大腦中安置了這些自動化且無意識的制約時，會連帶影響我們的處事行為與個人情緒，尤其是心情。當我們的心情受制約時，無論好壞，一旦有事件發生時，當下我們會立即反射早已制約的情緒。因此，我將大腦中情緒制約的模式，稱為「直通的情緒」，也可以說制約的喜怒哀樂情緒全都是自動轉換，毫無意識的。

例如，早上起床時，你早已習慣處於鬱悶的情緒中，因此，理所當然每天早上你的心情都是如此，還覺得這鬱悶感覺真不錯！然而，日積月累，你鬱悶情況將成為一種習慣。到時候，你無論如何都無法再改變自己了。

立即找到你的「能量情緒」

「情緒定錨」是屬於神經語言程式學（Neuro-Linguistic Programming）中的一

個重要概念。它是指當事人由於受到外在環境或事件的刺激，因而直接觸發內在情緒的一種連鎖反應現象。著名普魯斯特[2]（Proust）的馬德蓮蛋糕（madeleine）[3]即是「情緒定錨」的範例。

試想當普魯斯特吃下一小口的馬德蓮蛋糕後，他的味覺喚醒了對童年每個細節場景的回憶。也就是說味覺（刺激物）觸發了他的懷舊之情（內部狀態）。其實還有許多例子可以說明「情緒定錨」的概念。例如，在海邊漫步時，我們會產生輕鬆慵懶的感覺；在宴會派對上，會感到氣氛非常熱絡。要了解的是引發「情緒定錨」的現象都是在當事人不自覺、無意識的狀態下產生。當然，我們也可以刻意選擇製造某種情緒。因此我們需要做的，是有意識的選擇當下想傳達的情緒，而不是被慣性制約。掌控你情緒的好方法，便是在你擁有的「能量情緒」內，選擇一個最適宜當下情境的正面情緒，然後拋下你的「情緒定錨」。因此，要學習如何管理自我的心理狀態。

所謂的「能量情緒」，是指那些最適合人類生存的情緒（例如：勇氣、輕鬆愉快、集

2馬塞爾・普魯斯特（Marcel Proust），為法國意識流作家，具有非常敏感與細緻筆觸。作品的特色在於他精膩地描寫每個人事物，所得到感知與覺察。在他的文字裡，我們可以感受到情緒流動的真實感。

3為法國傳統的一種貝殼形小海綿蛋糕。

中注意力等）而「約束情緒」則是指那些困擾、傷害我們的情緒（例如：緊張、恐懼、灰心喪志等）

一旦有事件發生時，人類會選擇合於當下的情緒，來表達我們的心理狀態，該情緒可以激發並感知到自己將會維持此一情緒所需的時間。此時也正是我們學習管理情緒的時刻：請不要再沉浸在那些無濟於事、於事無補的情緒當中，而且要有效地制止該情緒無止盡地蔓延。因此，可以自己先預備好能量情緒的定錨，於適時適當的情況下，傳達出這些正向的能量情緒。

為了懂得如何利用本身的能量情緒，此刻你最想問的問題便是：「當我遇到某個事件時，什麼樣的情緒才是最適合我的心理狀態呢？」

首先，找回之前你經歷過的正向能量的情緒狀態。重溫你曾感受到五官感覺最強烈的時刻，然後與你的「能量情緒」相互連結。此時，你便會感受到一種感官定錨的感覺：例如你會不自覺地起雞皮疙瘩或是小聲地說出勝利的「YES」！就個人而言，我喜歡將拳頭緊握彷彿將手抓緊心中鐵錨的感覺。一旦你拋下了情緒船錨後，我們便完全進入「能量情緒」的狀態。此時，你的「能量情緒」也需對你有相同強度的回應。因此，我建議不要選擇過於簡單的定錨手勢，因為這定力很快便會被其他的衝力所磨損。其實情緒定錨的手勢是非常重要的，一旦你的「情緒定錨」確立了，請多重覆幾次，它將會成為情緒慣性。

所有情緒都是潛藏在你內心中，只有你才能將這些情緒擴大或開發。現在，請你關上先前所有反覆低潮憂鬱的情緒通道。請將你的心情定錨在能量情緒上，例如你充沛的好奇心與敏銳度，還有你的善良樂觀等等。

舉個例來說，若要整合你發散的思維，我們需要何種的能量情緒呢？就我個人而言，建議將你的情緒定錨在好奇心與敏銳度上，因為這兩種情緒就如同小孩在公園裡突然發現了有遢鞦韆的單純喜悅。因此，現在要開始學習對自己說：「我的頭腦可真厲害！這發散性的思維就像狐猴一樣，能在森林裡到處跳躍穿梭！腦筋轉得如此之快，實在太棒了！」

2 好好整理超載的「思想倉庫」吧

其實「大腦多向思考者」常說：「我就是不知道為什麼，在不知不覺之中，我會用最簡單迅速的想法，來解決問題。」然而，他們大腦的狀態就像是個什麼東西都雜在其中的混合物；他們的思緒是很混亂的，就像一棵樹一樣竄出多種念頭，不斷地開枝散葉。「左腦」專司分類、貼標籤、排列順序；因為如此的方式可以幫助我們容易尋回事物的所有脈絡。「右腦」則是不斷的產生新念頭，詳記所有的細節，認為所有的事物有等同的重要性。「大腦多向思考者」的思維，所有的事物都是透過聯想而串接在一起。而且不只是相關念頭的聯想而已，而是將他整個思緒做整體的串接聯繫。要他提出一個想法，就像是在他們的大腦中找出一團東西的道理是一樣。

寶琳是個八歲的右腦使用者。她常常無法找回自己的思緒，在學校上課時尤其如此。透過交談，我協助她重新整理思緒。之前，她覺得自己的腦子就好像是一間堆滿紊亂雜物的大樓，始終無法找到自己所要的東西。當她每次努力地學習新知識時，總會將這些新資訊堆積在雜物閣樓的中央。但現在寶琳變得很驕傲，也很高興，因為她的大腦已經不再是間雜亂的大樓了，而是一間井然有序的圖書館，每個文件還都貼上了標籤，甚至我們也可以擺上DVD呢！

如同其他多數的「大腦多向思考者」，寶琳的大腦太視覺化，然而她的聽覺靈敏度尚未發展完全。因此，每當學校老師在講課時，寶琳的眼睛接收太多資訊，但是無法完全記錄下聲音，搞得她的記憶非常混亂。一個月後，我再次與寶琳見面，發現她沒什麼進步，一樣的心思雜亂。我驚呼道：「這是什麼亂七八糟的閣樓啊！」她拍拍她的額頭說道：「唉呀！我忘了整理我的頭腦了！」因此，她現在每天晚上睡覺前，都會將自己大腦中的想法，重新排列整齊！

然而，事實上學校裡沒有人教我們如何組織自己的思維，將它系統化及一致性。如此分類建檔的方式可以幫助你行事更精準，也更合於邏輯性，避免產生一團亂的困惑。因此，學習重新整理自己的思緒，可以幫助你更加了解自己，也可以讓你更有效地運用你發散的思維模式。

思維導圖幫助你整理分類大腦的思緒

理所當然的，左腦使用者所建構出的世界，當然適用於左腦使用者。因此，我們便可以了解社會上的大部分資料訊息都是以傳統的架構形成：也就是我們之前文章所提過的從大重點到小重點的方式來陳述內容。例如：第壹章→第一節→第 1 點→第 1.1 點到 1.11 或 1.111 的說明方法。然而，我們現在所遇到的問題是右腦思考者很難使用以上的方式記下資訊，轉為他們的記憶。記得瑪儂吧，那位要繳交文藝復興時期報告的女學生！要「大腦多向思考者」無論是在學校或工作場合，建立一套有系統的計畫說明，顯然是有很大的難度。因此，我們將使用「思維導圖」的方法來協助這群右腦使用者，協助他們記憶整理思緒。

「思維導圖」，也稱為啟發式的樹狀圖，由亞里斯多德創立，命名為「知識樹」。指將所有資料（資訊）以開花散葉發散樹枝狀的方式記錄資訊。七〇年代，湯尼・布詹（Tony Buzan）將此概念具體化並加以推廣。然而今日「思維導圖」的概念已經逐漸式微。當然我們都知道要人們改變陳舊惡習是很難的，又加上我過去的經驗得知「一般思考者」並不覺得自己有需要改變他們現有的思考模式。這也是我覺得遺憾之處，因為「知識樹」的思維模式，可以組織我們的知識，開發我們的創造力。在啟發學習的過程中，我們會不斷地發現新的思路，當事人既可以選擇繼續探索或放棄。因此，對「大腦多向思考者」而言，「知識樹」的概念尤為重要，因為該工具正適合他們的思維模式。尤其對右腦思考的中小學生而言，更具有長遠的影響。

「思維導圖」其實是個豐富的寶藏圖，不僅可以幫助我們記錄重點，也可以重新建構所有資訊並整合出所有資訊的重點。它還可以協助我們延伸思考、釐清問題並列出資訊的重點。因此，最適合我們準備演講或做報告專用。以視覺的角度來看，「知識樹」呈現的方式，不僅色彩鮮明而且圖像清楚，易於記憶。關於有些紛亂複雜的想法，經由「知識樹」的呈現，可以釐清，以視覺化的方式重現出所有事物的關聯性。

如何畫出你的思維導圖？

要畫出一張「思維導圖」，你只需一張A3的白紙，外加蠟筆或彩色筆做標記使用。首先，請將主題寫在白紙的中央，然後對於「關鍵的概念」，請分散地寫在該主題的四周。請注意，沒有相關的事物不要加註在上面！只要標註幾個短字重點，易於閱讀即可。一來可節省時間，二來可維持專注力。如果你喜歡的話，你也可以加入顏色、符號或小圖案：因為視覺刺激，可幫助記憶。現今，我相信也有免費的軟體，可讓當事者在電腦前畫出自己的思維導圖。

「知識樹」的結構所列出的資訊是大量且發散式的，而且之間相互關聯。你可以將你的想法擴充到無限大，如同「大腦多向思考者」的思考模式。這也就是為什麼我們要使用「思維導圖」幫助你組織思想。因為這組織方式對「大腦多向思考者」來說輕鬆又自然。請善加利用「思維導圖」，幫助你的頭腦更清晰！當你對某個主題感到困擾時，將它填在白紙上，盡量細分剖析每個想法到最小單位為止。甚至你也可以用日記的方式，每日記錄下你的心智地圖。當然，啟發式的樹狀圖還有其他功能，如用於教育、職涯或個人生涯的規畫等的應用。

就算是想法，也有先後之分

畫出「思維導圖」的重點是在於你發散的思維模式。就邏輯的層次面來說，「思維導圖」幫助你形構出整個思維的組織。對於神經語言程式學，也是一個有用的工具。「知識樹」不僅可以構建個人全部的想法，而且每個想法之間都有其一致性與邏輯性，每個想法同時也都擺在相對應的位置上。由於「大腦多向思考者」對於一切事物都認為有等同的重要性，因此不知如何建立事情重要性的優先順序。這「知識樹」導圖可以幫助他們建立人事物的層次結構。現在我們需學習與人溝通時，如何了解對方論述的邏輯層次。溝通的首要之務，即是專心傾聽對方的談話內容，然後問自己他想表達什麼。

論述邏輯的層次面

通常在論述的內容中，可分為五個層面：

(1)情境層面（指論述本身的人事物）：指的是談話內容的部分，也就是在論述中除了「我」之外，其他的參與人員、外在環境的資訊，以及當「我」聽取這些資訊後，「我」必須要做的反應或「我」所需做的適應行為。在論述內容中的每個句子都會引導你回答下列的問題：在哪裡？什麼時候？有誰？等等。

例如，我對你說：「星期天，我要和保羅去海邊玩。」我只提及「我」的情境，與「你」無關。而我給你的唯一訊息，就是我要去哪？跟誰一起去？

就該陳述的情境而言，說明的是與你無關（你是局外人）的情境。也就是說，你可以回應我的陳述但沒有必要直接地參與其中。因為該情境你是屬於局外人的狀況。同時也標誌著你個人權力的限制，告訴你不用對「我」的論述做出特別的反應。然而，這種「無能為力的反應」對「大腦多向思考者」實在不是件容易的事。因為他們無法放棄自己的無所不能、無所不及的想像。此時「大腦多向思考者」的大腦會想說，如果你到了海邊可能風浪會很大或當下保羅心情會不好等等的想像，還會幫你想那「你」應該怎麼辦等問題。誠心建議「大腦多向思考者」不要時時懷有杞人憂天的想法，浪費你的時間精力去反應與你無關、無能為力的事件。

(2)**行動層面：**指的是論述中所採取的動作，一般來說通常是指在我們的陳述中，我們所做的行為。這層面標識的邏輯問題是「你在做什麼？」接續以上的對話內容，我說：「當我在沙灘上時，我會晒太陽、游泳還有好好地休息等，隨後還要跟保羅一起吃冰淇淋。」至此，我的論述中所談的是我的行動。我相信你也發現到一件事，就是大多數人與人交談時，通常只會對情境與行動這兩層次做描述，也就是「做什麼」、「何時」、「何地」以及「和誰一起做」的說明。通常，我們也是在此階段，最常收到來自對方的批評與指正。然而集中於情境與行動的對話，對「大腦多向思考者」來說，是相當辛苦的。因為他們熱衷有辯論想法的對話。因此，我給「大腦多向思考者」的建議是，當你的對話者說出以上兩層次的論述時，你可以客觀地觀察他們所做的行為，然後稍微地猶豫一下，暫時不說出你對他們的想法的建議，比如說你的想法有什麼問題或缺點之處等等。

因為你的批評指正只是用來加註你個人的行為舉止而已。若你有建議要說出口時，也要忍住不提。因為當我們在論述的行為面上，攻擊他人的價值觀與他個人身分的認同時，通常都會傷人至深。

(3) **知識與技能層面：**在溝通過程中，「能力」是最常被誤解及忽視的面向。因為，這牽涉到我們個人溝通的方式，以及我們回應對方論述的答覆。也就是說，我們在述說一件事情時，不僅牽涉到我們個人本身的資源、知識及能力。因此，我們在表達論述之前，最好先檢視自己本身有哪些資源可運用，還缺乏哪些資源。如此的回顧檢視可以幫助我們個人在能力上的成長。除了可以運用個人本身既有的資源與技能以外，也可以藉助外部資源如文件、網站、書籍等，來提升自己。但也別忘了我們最好的諮詢者與導師就是我們周遭的親友，彌補我們不足的部分。

除此之外，「大腦多向思考者」的核心價值之一，就是喜歡分享訊息，傳遞資訊。由於擁有這價值觀可以幫助他們與真誠的人相互合作，尤其這些人更是良善的啟蒙者。然而當今權勢者握有權力的主要籌碼之一，便是「掌控訊息（知識）」，這不僅讓我們見識到人性醜惡的一面，也看到現今教育的缺陷。因為「大腦多向思考者」一生最大的夢想，便是有一天可以認識一位無所不知、無所不能的知識導師，來滿足自己對知識的渴望。

在武俠片中，我們會看到有所謂的「絕世智者」，深居於高山叢林中，坐禪修行個人的智慧，同時協助眾生，開悟弟子。「大腦多向思考者」，請當心這類大師！因為這類人容易把你視為囊中物，操控你的思想。在這世上，沒有一個人全能知道所有的事物，如你夢想般的人物是不存在的。所謂的「大師」，只能專精於某個領域而已。事實上，你無法從某個人的身上，學習到全面的高深知識，還可以讓這些知識廣泛運用。這是不可能的。我知道當我如此對你坦白時，你感受到強烈的挫折感。但從另一個角度來看，若是一位有天賦的學生，其實他會很快地超越他的老師。到後來，也會有高處不勝寒的感受。在這網路發達的世代，我們只需透過網路的搜尋，便可以快速地找到所需的知識，這時，你會發現到「大腦多向思考者」的學生甚至會比他的老師還要優秀呢！

你還記得珂琳嗎？她一個人安排整個家庭的度假行程。然後，到了旅遊地後，她再也發現不到什麼新鮮事了！事實上，她應該拋下她一起旅遊的家人，獨自冒險去！對於安排度假行程這事，或許你會一笑置之，但不能否認的是珂琳對於該旅遊勝地的了解是非常驚人的，她從來沒來過這地方，但對這裡再也熟悉不過。在沒有任何書面資料或老師的教導下，「大腦多向思考者」的確有能力，可以獨自一人深化某領域的知識。然而關於「一般思考者」回覆「大腦多向思考者」的訊息，他們的回答的確會讓「大腦多向思考者」非常失望，因為「一般思考者」根本不了解「大腦多向思考者」所提出的問題及需求，常常會用擦邊球的方式答覆或回答完全不符合「大腦多向思考者」的期待。久而久之，形成「大腦多向思考者」已經習慣不對外尋求幫助或建議的個人反射機制。

因此，從提高自己「知識與技能」的層面來看，最重要的是持續相互學習，「大腦多向思考者」不僅使得自己能力增長，也可將此知識傳授於他人。由於你喜歡學習，請不要放棄這好習慣，也不要再繼續對外追求那些無法使你成長的「大師」。那麼要如何深化自己的「能力」呢？首先，要問自己的問題是：「我該如何做？」同時，也要問自己我想要發展何種的能力。舉例來說，關於我星期天要和保羅一起到海邊的這件事，你可以問我：

在海邊，你是如何做到放鬆及完全休息的呢？當大浪來時，你是如何繼續在海浪中游泳呢？或問星期天要在海邊找個停車位是很難的，你怎麼找到的呢？還可以問，要怎樣做，才可以讓保羅待在海邊一整個下午呢？

（問題 1 答案是瑜珈；問題 2 答案是用浮潛的方式游泳；問題 3 的答案，這是我一廂情願的想法，希望可以找到車位；問題 4 的答案則是讓保羅吃下抗焦慮藥物。哈！我開玩笑的！）

(4)價值觀和信仰層面：這一層次的論述中說明了我們人生前進的目標及動力，還有在生活中我們對於事情選擇的優先順序，以及我們所相信的公理正義。關於如何了解到你人生的價值觀，可以在某事件發生時，當下對自己提出問題，問道：「為什麼？目的是什麼？何者是對你而言最重要的想法或觀念？」等等。透過你自己的答覆，可以看出你的價值觀、人生觀及思想理念，總之，這些答案的背後代表你所渴望追求的事物。最後，將相關資料組織好，建立你的想法論述，用心溝通，改變這世界。其實透過相互了解彼此價值觀與信仰時，我們會更容易與對方緊密結合。事實上「大腦多向思考者」很早便開始尋覓與他擁有相同價值觀的人，但只是知音難尋，讓你產生很深的挫折感。關於信仰的部分，會比較類似於「人格」的說法。當我在「心靈工作坊」說明價值觀和信仰層次的邏輯解釋時，我會把價值觀比喻成人生旅途中的保護墊，你必須如履薄冰踩著它，往自己的人生目標邁進。顧名思義，「價值觀」這三字是我們邏輯思考中不可或缺的元素。

當然，沒有任何人有資格質疑我們的價值觀。每個人都擁有各自信仰的價值觀，及看待事件時，個人所選擇的優先順序。因此，價值觀是不具普遍性的，每個人都不同。如此一來，我們可以了解到每個人對於事件的輕重緩急各有其看法。我們必須尊重他們的選擇，即使對方信仰的價值觀是站我們的對立面。

價值觀，對於我們人生的抉擇，至關重要，信仰更是如此。信仰是指我們認為「真實」的事。大多數人聽到「信仰」二字時，會傾向於用宗教來解釋。然而，「信仰」二字，它所涵蓋的範圍非常廣泛，遠大於我們的理解。也就是對於生命的各個面向，每個人都各自擁有其信仰。這些「信仰」的表現方式，可以透過言談中的敍述了解對方的信仰，例如：當一個人論述因果關係時（因為……，所以……），或是對於某事物的看法時（這件事也就是……），或是看待某事物的界限時（這是可以的；那是不可以的），或對於自我能力的評估時（我可以；我沒辦法），甚至對於世界與自己關係的論述時（我是……的人；這個世界是……，生命是……）。

若以當事人為中心，其個人所表現出來的行為與價值觀一致時，我們會說當事人傳達出了自己的主體性、氣質及內在不凡的力量。然而，持有全然的道德誠信價值觀的人卻很難存在。像是精神操縱者與不法分子從事違法行為時，可以背離所宣稱的價值觀。即使我們花了很長的時間，才了解這些偽善不法之人所宣揚的價值理念與令人感動的話語都是虛妄之詞，我們還是發現到個人行為與其價值觀是互相吻合的。然而，以上所述的情形都屬於極端的例子。其實我們在日常生活中所遇見的人通常還是懷有善意，只是大家都很少意識到自己信仰的價值觀。因此，每個人也就沒有機會檢視自己的行為舉止是否合於道德標準。

然而個人心理狀態與價值觀息息相關。假若自己擁有多種價值觀，而這些價值觀之間又相互抵觸的話，則個人會產生內在的衝突。舉例來說，個人對於安全的需求（屬於價值觀1）與擁有開放心態想認識陌生人的意願（價值觀2）相互衝突；或是個人想要維持和諧友好的願望（價值觀2）會與希望獲得他人尊重的要求（價值觀1）產生衝突。我們要說明的是「追求安全」與「獲得他人尊重」（價值觀1）永遠比「開放心態」與「追求和諧」

（價值觀２）更重要。因為在未獲得他人尊重及個人的安全前，你是絕對無法與他人和平相處並敞開心胸的接納他人。因此，每個人清楚了解自己有哪些多重價值觀及其對立面，才能有助於重建個人思考的優先順序與價值的判斷。為了要了解自己有哪些價值觀，要先問問自己：什麼對你而言是至關重要。若有兩種價值觀相互抵觸時，請選擇你認為最重要的那個價值觀，並協調不同的價值觀。一旦你本身產生內在衝突，請思索有哪些價值觀是屬於相對立的。如果你無法排列你所有價值觀的優先順序的話，請找一個妥協方案，可以同時滿足同樣優先重要的不同價值觀。

⑸**身分認同層面**：最後，我們要討論的邏輯層次是回到個人本身。問自己到底是誰？我人生的使命是什麼？我對於生命的願景又是什麼？其實「你是誰」這問題聽起來很簡單，但鮮少人能夠完整地回答。

精神層次面：靈性

以上所述，說明了邏輯的五個層面。其實，邏輯還存在第六個層次。有的人會將此層次歸在第五層——價值觀與信仰——然而有的人則認為靈性的層面超越了價值信仰的層面。就我個人而言，我也認同靈性的部分應另立一個邏輯層次來說明。本文中所使用的「精神層次（靈性）」是高於宗教的概念。換言之，除了自己個人身分的認同以外，我們還意識到自己與他人都是被放置在一個更大的系統或某種未來的可能性中，例如家庭、宗族、機構、社會或人類群體的概念中。因此，我們會問自己這樣精神層次的問題，如：「除了我們人類以外，這世界上還有誰存在呢？」、「我們人類的存在，是否有何更大的目的？」、「我們人類要走向什麼樣的未來？」在此層次中，有關於人類的未來，如生態環境、永續經營等等，都是屬於精神層面討論的主題。

許多「大腦多向思考者」對於第六層次的靈性層面非常感興趣。他們會想了解自己的前世、今生與來生，還有整個世界的問題。由於「大腦多向思考者」的整個思想系統是沉浸在精神層次中，同時自己也感受到與其他生命相互連結的使命感，這也是我們前文所提過的概念。因此，我希望讀者了解，為什麼我在本書的第一部分強調「大腦多向思考者」不要輕忽自己天生的敏銳感知，因為無論你內心感受到個人的神祕經驗或超自然現象，請將這些經驗累積成為你個人的靈性寶庫。

金字塔型的邏輯層

個人身分認同包含幾項核心的信仰價值。由於擁有這些價值信仰，當我們身處不同環境時，可以激勵個人增長各種專業知識，並因應不同環境產生適宜的行為舉止，這也就是為什麼我們要介紹金字塔邏輯體系。我只簡單地舉週日到海灘的例子來說明，但不是只有指克里斯特爾海灘，也有可能是其他的海灘，希望「大腦多向思考者」能理解。

關閉無邊際的想像與誤解邏輯層次

想像一下，有位執業律師對你說：「我家裡（環境）有很多植物。我每週都

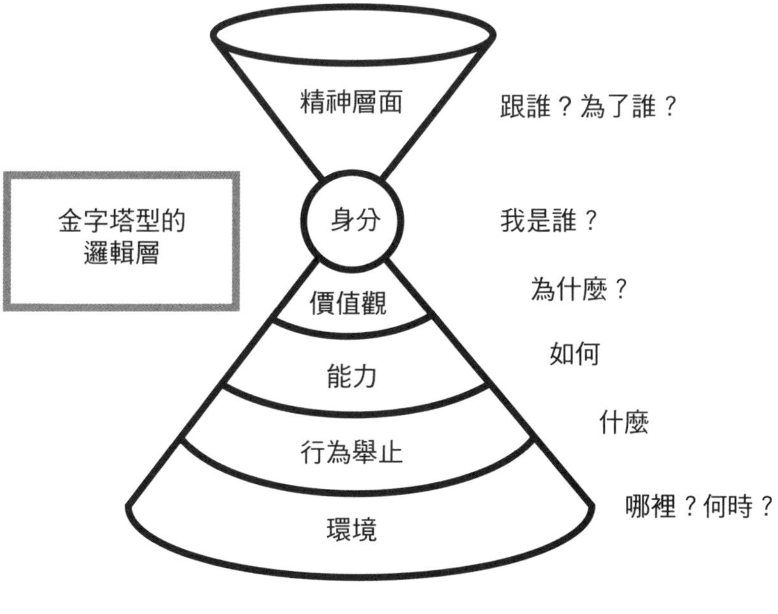

給這些花草澆水（行為）。事實上，我很擅長園藝（能力），而且我也很喜歡植物（價值）。當我照顧這些植物時，我覺得它帶給我很多意義（信仰）。有一天，我希望可以成為園藝家（身分）」現在，請你用以上相同的方式，建立你自己的句子。如果這律師還說：「對了！有一天，我希望能夠參與拯救絕種植物的活動。」這句話道出了該律師的精神層面。從這整個論述，我們可以看出他期待完成的使命及個人行為的邏輯鏈。

但通常人們在聽他敘述以上一部分的金字塔邏輯訊息時，便會根據自己的偏見，認為他是律師，所以妄下結論。其實，我們從事某種職業時，只是代表我們個人的行為與專業技能相互結合而已，並非代表你的身分。同理可得知國籍並不代表你的身分。在整個金字塔邏輯層中，我們通常會將個人的「身分」與「行為」這兩層次相互混淆。

舉例而言：

當你說：「我做錯了（指行為的部分）所以我很遜（指身分的認同）。」

「他不送花給我（指行為的部分），所以他不喜歡我（指價值觀）。」

「她不打電話給我，所以……。」

之前我們曾提到，個人的價值觀與行為舉止（指行為的部分）是相互一致的。換言之，就是指「當我們如何時（價值觀），我們就應該如何如何（行為）。」例如，當我們是朋友時，我們就應該在對方有需要時，盡力幫助他。所以對「大腦多向思考者」而言，通常是不假思索，立即採取行動。因為這是他們的價值觀。

因此，我們知道每個人的行為舉止背後必定連接到他的某種價值觀。但首先，請記得每個人的金字塔邏輯都是不一樣的。回到上面的例子，如果那個女生沒打電話或留言給你，由於「大腦多向思考者」是將不同人事物聯想串連的高手，就你們的邏輯層面來看，必會將「沒打電話」此單一事件，擴大想像成電影般的情節。當你一旦發散聯想時，其實當下你已走入不歸路了。因此，建議你當你發覺自己開始無邊際的想像時，請回到正面的邏輯思考鏈。

她沒有打電話給我，是因為：

1 她沒有時間。

2 她掉了手機充電器。

3 她不小心刪除電話聯絡人的目錄。

4 她正在等她的求職面試的結果，所以正準備要告訴我這個好消息。

5 也許，她正在接工作上的電話呢？

因此，我們發現到「一般人」和「大腦多向思考者」之間，之所以會產生誤解，是因為兩者對於「行為」與「價值觀」這兩層次上的因果關係見解不同。換言之，就是兩者處事「原則」不同，因而造成無法理解對方。

「一般人」在行為處事時，他們思考邏輯上的「行為」並非直接連結到「價值觀」上，也就是個人的價值觀，並非與行為舉止相互一致。對他們來說，有時從事某種行為並非代表有重大意涵。然而，對「大腦多向思考者」來說，因為你們是言必行，行必果的人，所以任何一個微小的行為動作，都說明了當事人想傳達的訊息，也就是代表當事人整個價值體系。因此「一般人」和「大腦多向思考者」之間，會對於某種行為所傳達的意義各有不同見解，爭辯不休。其實，往往這樣的誤會都只是在「原則問題」上打轉。

有人用另一種面向解釋為何「大腦多向思考者」日子過得很辛苦，是由於他們將所有人事物的資訊，都歸於「金字塔邏輯」中「身分」的層面。舉例來說，在某個演唱會上穿過的一件舊毛衣，對「大腦多向思考者」而言，這毛衣是有生命的，或許你也可以稱它有身分或靈魂，因為舊毛衣走進了我的生命，也就成為我生命中的一部分。那我如何簡單地扔掉這毛衣呢？所以這就是為什麼「大腦多向思考者」在日常生活中，常會發生兩難的情況，無法讓自己的生活過得井然有序。其實你所要做的，就是將物體（舊毛衣）歸置於「金字塔邏輯」中「環境」的層面。就人際關係而言，你必須釐清友誼與愛情的界線。若你交往的對象與你的價值觀背道而馳時，為何你還繼續堅持與他（她）在一起呢？你只是浪費時間，讓彼此的關係更複雜而已。

由於「一般人」的思考邏輯往往僅限於金字塔邏輯中的「環境」與「行為」的層次上。因此，我真的很希望「一般人」能將自己的思考邏輯提升到與他們個人相符合的「價值觀」的層面上。如此一來，「大腦多向思考者」也就比較好理解左腦思考者了。

相對於「一般人」的思考邏輯，「大腦多向思考者」的邏輯通常停滯在金字塔邏輯層較高的地方，也就是「身分」與「價值觀」的層面上。他們喜歡言語辯論精神的主題，但通常都忘了回到現實的基本面。因此，有許多「大腦多向思考者」害怕失敗，其中還有許多人沉溺於白日夢勝於實際行動（因為「大腦多向思考者」會認為：「如果我做錯了，我就太差了！」這種價值觀的評斷會阻礙他們行動），但也由於他們邏輯思考的方式，會降低個人失敗的機率。事實上，失敗只是一個寶貴的學習機會，重要的是要勇敢採取行動。

3 重拾你的自信心

行筆至此，我相信「大腦多向思考者」已經越來越認識自己了，也了解到從小耿直的個性，為何為你帶來嘲笑欺侮。由於大多數的「大腦多向思考者」從求學時期開始，便一直遭受到他人的排擠、糾正、誤解、嘲笑、拒絕及汙名化等等負面的情況。這一切不幸的遭遇都讓他們很難了解自己到底是誰。同時，現實環境與個人之間，也存在很大的落差，即使有些事做得再好，也無法得到他人的尊重。本書的一開頭，便說明由於「大腦多向思考者」無法獲得外在環境的認同加上個人痛苦的經驗，因而造成本身自信心的減損，形成「自我真空」。因此，本章的內容，目的要幫助「大腦多向思考者」恢復自我，重拾原有的正直誠信。首要解決之道，便是「認同自己」。再者，要體認到自己本來就是與一般人不同。沒錯，你是來自另外一個星球。沒錯，你就是個特別的人。當你愈了解你自己時，便愈能接受你自己。透過認識真實環境的現狀與一般人的行為模式，便愈能適應這世界。此刻，良性循環已經開始了。

如何找回自信心？

重新建立自信心捨棄「完美主義」

「大腦多向思考者」經常將自己鎖定在追求永恆完美理想中，然而卻忽略了在追求盡善盡美過程中所經歷的喜悅。他們尋求的是精益求精、好還要更好的完美極致，極盡所能地控制所有參數的變化。由於極端的自我要求，加上追求完美的個性，他們不會忽略任何一個環節，每個細節都有其顯著的重要性。「大腦多向思考者」一旦發現事情無法達到他們的期望值時，會像一顆洩了氣的皮球，精疲力竭，認為自己這樣嚴謹的個性簡直就是浪費時間，沒有必要。同時，也因為「大腦多向思考者」無法決定任務要做到哪個程度才算是完成，所以他們即使在工作結束後都會一直覺得工作尚未完成。這就是為什麼他們一直無法體驗到成就感的原因。然而，最讓他們感到痛苦的事，就是該任務未達到他們理想中完美的虛幻目標，他們將此視為「失敗」，這也是為什麼他們感到人生很苦的原因。但其實要曉得「完美主義」是一種「擊敗自我的策略」，我希望「大腦多向思考者」已經吃夠苦頭了。有一種稱之為「矛盾的療法」是專門治療「完美主義」者，那就是個人對自己的要求愈少，便愈容易感覺到自己一直在進步當中。此時，你所要做的便是重新檢視你的目標，降低標準，使得自己容易達成目標，擁有成就感。接納自己，捨棄「完美主義」，重拾自信，以不完美造就你的完美。此時，你會驚然發現「平凡」的踏實感是多麼的美好，你也正開始品嘗到成功的滋味了。

盡情享受成功，不帶任何條件

要能品嘗到自己成功的果實，培養自信心是首要條件。自信心的表露從來就不是與生俱來的。即使那些擁有許多愛的人，其實他們的自信心也是非常脆弱的。培養增強自信心的確需要來自外在環境，對個人的肯定。當一個人沒有得到外界肯定的話，相信他的自信心終有一天將會枯萎消逝。然而，當一個人能夠沒有「任何條件」，完全享受自己所有的成功經驗，而且能欣然接受他人給予的肯定時，他便能成功建立內在的自信心。所謂的「任何條件」是指不要對自己說：「對，我是成功了，但是又如何……。」這樣自我的對話不僅會打擊自信心，也是毀滅自我的機制。也許這樣的說法，會帶給人一種「謙虛」的表象。但實際上，你是大錯特錯！舉個例來說，如果我對你說：「你這人實在很好，但是……」或我說：「我真的想留下來，可是……。」我相信你根本不會想聽完整句話，因為你早已知道我接下來會說的一定與第一句相反。想想如果你用相同的方法對自己說：「我做的晚餐很成功，但是……。」其實，也就是你用盡所有的話語阻攔自己肯定自己的成功。其實，你只需簡單地對自己說：「我做的餐點真是美味可口」這樣即可。當然！我也承認這樣的對話實在需要多次的反覆練習，並非一蹴可及。能夠自由自在地享受個人的成功經驗，不僅可以幫助自己培養行動力，也會讓自己變得更有勇氣面對挑戰、克服障礙，同時開發自己新的知識技能，豐富人生。

一旦人們可以自由地享受成功的果實時，其實我們已搭建起一座累積成功的舞臺。因為當我有越多成功的經驗時，在這鼓勵的基礎上，便擁有愈多的機會可以累積成功；相對而言，也減少了失敗的可能性。總之，請不要為你的成功加諸更高的柵欄，更多的藉口，請為你的勝利喝彩！

提升自我的形象

所謂的「自我形象」，是一種主觀認知，指個人如何看待自己，以及個人認為他人如何看待自己的想法。這「自我形象」其實與真實世界的現況毫無關係。也就是說，我們可以主觀地認為自己是位冰雪聰明又幽默風趣的人，或認為自己是個愚蠢可笑又醜陋的人，但就客觀的角度來看，這些見解實在無關真假。因為這些主觀的想法只取決於我們身邊的人對我們所投射的形象，以及從小以來，個人對自己所投射的想法。就「大腦多向思考者」而言，所關心的是從小到大一直得到外在對你扭曲的評價。因此，你費盡心力地想要告訴這些不了解你的人，你是誰，但卻枉然。其實我想對「大腦多向思考者」說的是，你不必向別人證明你是誰。因為如此一來，你會陷入一個無底的泥淖當中：你愈想證明你自己，別人愈忽視你的價值。舉例來說，想像一個外科醫生對你說道：「我會證明給你看，我知道如何開刀！」其實當下你已經知道他是個好醫生了，不是嗎？所以，你是個優秀有能力的人，沒有必要向任何人證明你自己。你所要做的事，就是表現出你擁有的能力而已。奇怪的是，一旦有人開始相信你的能力時，也就有愈來愈多的人開始相信你。擁有一個正面的「自我形象」不僅會幫助自己相信個人的能力，同時也會對未來的規畫，變得更正向積極。

最後，擁有「自信心」的關鍵，就是無條件的愛自己，培養「愛自己」的能力，它是建立自信心最底層但也最重要的基礎。當你愛自己時，便可承受生命中的所有風暴。那些不愛自己的人，忽略了自己的需要，因此痛苦過日。那些不愛自己的人，忍受個人無法接受的生活條件或從事不得不的工作時，就是將自己置於危險之中。反之，一個愈有能力愛自己的人，愈能了解自己的需要，就愈能照顧自己的健康及外表。他也知道如何保護自己，抵抗外界的欺凌，無論是在身體或心靈層面的傷害。這樣的人也會積極地營造出一種舒適的生活，不容許外人挨打或羞辱自己。因此，愛自己的人們會互相尊敬彼此，這也使得他人敬重自己。

透過以下處理內心機制的過程，「珍愛自己」的旅程便可以開始上路了。

撫慰你的內在小孩

當你心情愉悅時，請傾聽你內在小孩的聲音。我相信你現在已經明白為何要愛自己了。所以請告訴他：「你是一個天才。」向他說明這些年來發生什麼事了。給他所有的你的關注、認同與鼓勵。把這小孩攬在懷中，告訴他，你非常愛他，你不會再讓任人欺負他了。

開除你內心的破壞者

可能到今日為止，你也不知道自己內心正住了一位如暴君般的破壞者，專門批評指責你，打擊你的自信。而你到現在都還一直遭受這位獨裁破壞者的管控。他一天二十四小時住在你的腦袋裡，不停地對你下指揮令：「你應該如何做或你必須如何做等等」，而且還不時地貶低你的自尊。讓你更害怕的是，這破壞者還會恐嚇你說：「如果你不這麼做，你就會有什麼遺憾等等」，更不讓你自由享受成功的喜悅，對你說：「不要說出你對成功的感覺，因為這件事本來就很簡單。你不要覺得自己有什麼特別的」，當你處在做出選擇的階段時，無論你選擇哪個選項，這位內心的破壞者都會批評你的選擇是錯誤的，使你產生罪惡感。你可以想像這位內心的破壞者就像是個超級嚴格的體育教練，他永遠不斷地要求你，督促你。

破壞者不時地在你耳朵說：「你是個心地很壞的人，很自私、不成熟、沒有用的人……」還說：「你根本就不值得有人愛，你現在的感覺一切都是虛幻的。」更對你說：「你不要自我感覺太良好……總之，你就是沒有權利獲得幸福！」

以上自我破壞機制都是你在無意識下所產生的想法。因此，當你的腦袋自動連續地放送出這些批評指責的話語時，我希望你可以當下馬上就辨認出來，並立即阻止讓這些負面的語言持續開展。我再三強調你必須立即「手動」關上自我破壞機制。你也可以給這位破壞者取名，例如「傑瑞」或「艾咪」。當內心破壞者出現在腦中時，你就大喊「傑瑞」或「艾咪」，你快滾開！記得只要我們給這位破壞者一個身分，當他對你下指令時，你馬上駁回：「傑瑞！你這白痴，快滾！」琳娜聽完我的範例，笑著說：「我會對他說，閉上你的大嘴巴，你這大三八！」

另一種隔離破壞者的方法，就是你可以高聲唱歌，覆蓋住他的奪命追魂曲！或你現在也放輕鬆，冥想一個有趣的畫面：你正在開除那個又老又嚴格的暴君教練，你對他說：「你現在夠老了，可以退休回家去了。」然後，你想像你為他舉辦了一個歡送會。當然送走老頑固後，你馬上聘請一位年輕又有活力的教練，他會專門說些鼓舞人心的話語。不管你想像是盧彥勳或是曾雅妮都可以。哇！他們不僅年輕有活力，而且激勵自己的方式也是一流的！因此，請記住你與你內在的對話必須是親切友善、熱情誠懇的。對自己說道「加油！好人兒。我知道你可以做得到。一切都會進行得很順利！」

完全愛自己

只有你自己才真正是生命中最重要的人。這一輩子你都要與自己為伴，直到離開人世那一刻。「你」才是自己最重要的溫柔夥伴。那請問你要如何善待這位如此愛你的人呢？

你一直將你最溫暖的愛與關懷，給了你的男（女）朋友或丈夫（妻子）。所以，請給予自己同樣的愛與溫暖，善待自己，寵愛自己。你值得擁有最好的一切。如果連你都不愛自己，那還有誰會疼惜你呢？

建立自信心的三部曲

當你找回失落很久的自信心後，你會發現所到之處，所做之事皆無往不利。自信心是需要培養的，學會與自己溝通，用友善的方式與自己對話，切勿一味批評糟蹋自己。最後，請你以尊重他人、善待他人的方式對待自己。因為公平與正義不就是你的價值觀嗎？你對別人好，相同地，你要同等對自己好。個人擁有自信，會豐富生命中的各個層面。當你愈愛自己，自我正面的形象便愈彰顯。此時，我們不難想像「成功」便近在眼前。

反過來說，當一個人擁有愈多的「成功」時，他個人的自我形象也就愈積極正面。在此時，他會變得更愛自己。

但有一件事要釐清，就是「自信心」不是萬靈丹。不是任何情況都可以拿來救急。例如，當你做錯事時，你個人身心是處於負面狀態時，或你產生懷疑恐懼時，擁有「自信心」

只能讓你心情好過些，但它沒辦法幫你解決以上困境。總之，當一個人擁有自信心，絕對不是有了一支點石成金的魔法杖，可以讓你的生活高枕無憂、成功順利。

但最後我們還是想問：如何建立自信心？什麼才是自信心？

其實培養自信心是件簡單的事，首先，每個人都有優缺點，所以你也不例外。無論你有多少優缺點，你只要愛自己並接納自己。第二，掌穩你心中的船舵。當你面對困難挑戰，如船在海上遇到風浪，要知道如何運用周遭的資源來找尋解決之道，掌穩船舵。最後，面對挑戰，採取行動。當事件發生時，無論你個人的壓力或恐懼遠大於自己能承受的範圍，我們都要有能力採取行動，往前邁進。雖然擁有「自信心」無法融化冰山，但它會讓你有勇氣征服山峰，成功攻頂。

確認自信心恢復到什麼程度吧

當你遇到下列情況時，會產生我所述的反應，即代表你已經建立個人的自信心：

- 當你談到你自己時，都是以正面的角度來看待。你同時也能坦然接受他人給予的讚美，毫無任何尷尬。

- 當有些輕微的事件發生時，你變得較不激動，反應冷靜許多。
- 當你在不同的場合中，都可以展現出你的自信心，不局限於某一特定領域。無論在個人領域與工作職場中，請問你的自信心是否都均衡展現？
- 關於自我的形象是否符合他人或社會的想法，對你而言，已經不重要。同時，你也不再需要依賴外在給予讚揚，肯定你的成功。你可以抵抗社會的壓力，欣然接受挑戰，不會再讓困境擊潰你。
- 你不再需要花很多的時間或精力來保護、強化自我形象。
- 當你的自尊受傷時，它無法主控你的思想行動，也不能影響你的情緒。你不會因為幾小時的羞辱，就把你整個人都擊潰。
- 最後也是最重要的，放棄自己的完美主義。自己要告訴自己：清單上所列「必須做的事情」，並非代表都是「必須要完成的事」。

4 讓大腦更有效率的必備條件

我相信你現在應該可以井然有序，分門別類你大腦中的想法了。此外，你也恢復了個人的自信心。此時，你所要做的事，便是優化你的大腦，開發你發散的思考效能。因此，請依照你的節奏，踩著你的步伐，滿足你大腦所需的養分。如此一來，「大腦多向思考者」擁有積極正向的生活，並非遙不可及。

適當的疲累反而是件好事

首先，我們要談的是你行事的節奏。所需要的是一個穩定的行事風格，踩著自己的步伐往前邁進的工作步調。

我相信你比誰都清楚自己有過於常人的體力，充滿無限的能量。你發現自己在一天的工作所做的事比「一般人」還來得多；可是你還是感到沮喪，覺到自己好像什麼事都沒做一樣。再加上，「一般人」在日常生活中行事緩慢及缺乏自省能力，這些事都容易讓你感到氣憤。建議你，不要再為他人指責你做太多的行徑感到敏感，因為你就是與眾不同，事實上你擁有異常的體力及超速活躍的反應力。我建議你找出適合自己行事風格的節奏，但也不要期待別人都會跟你有一樣的超速反應與行動！

因此，有時「大腦多向思考者」容易會出現工作上「職業倦怠」（burn out）的現象。那是由於「大腦多向思考者」無法自我調整過累的生活方式。有人說發揮「大腦多向思考者」的工作效能，就需要讓他們像能夠承載數百公斤重行李的駱駝。也就是在此時，他們會發揮自己的最大的潛能，踩著輕快的步伐，往前邁進。但突然間，如果你增加了小小一公斤重的行李時，這時駱駝會癱軟了下來，成為壓垮駱駝的最後一根稻草。這就是「大腦多向思考者」的工作寫照。其實，他們只需在沉重負載的工作中，稍做改變即可：稍留有一些空間給自己，以防突然事件的發生。如果你還有多餘的精力時，也建議你做個放鬆的冥想，讓你感覺更好，工作更有效率。

「大腦多向思考者」在日常生活中，需要感受自己的存在，因此，請為自己設定個人目標；此外，你需要進行好幾個鼓舞自己的挑戰計畫。如果當「一般人」對你說：你過於一心多用了，那就是你找到生活平衡的時刻了。

右腦使用者所需要的五種養分

現在我們來談談你大腦所需的能量。這絕對不是一時興起或靈機一動的想法，而是真真實實的大腦需求。如果你的大腦沒有獲得這些養分的話，它會活得很痛苦。

由於每個「大腦多向思考者」的情況各有不同，我所列出的需求，可因人而異。但其實我知道「大腦多向思考者」本身很清楚地知道當自己缺乏某些養分時，自己會陷入何種的焦慮當中。

(1)餵養大腦「知」的能力：學習

你的大腦喜歡學習新的事物。它需要複雜、多樣的知識。當你學習新知時，大腦的運作就像蜘蛛網般，將單一的知識，擴展至最大可能的範圍。然而當它沒有汲取到所需的營養物質（知識）時，你整個人會顯得沮喪，感到人生索然無味。因此，多愛自己一些，捫心自問，想學習什麼？想想當你在求學時，有哪個科目是你感到最挫折或你想要再繼續深入了解的呢？因為你的大腦經常想著：我本來應該對某個科目更感興趣，更有所發揮的。

確信在你求學的階段，一定有某個科目因為老師不善講解或某個細節沒有深入，而你到現在還存疑的部分。現在正是你加深該知識的時刻。除此之外，你也可以開發其他不同領域的技能，例如：裝潢、園藝、烹飪或手工藝等。

無論你想學習什麼，你都可以達成。但首先要記住兩個基本原則：

- 如果你遇有不明白的地方，其實那是你自己把事情複雜化，事情是遠比想像中的簡單許多。
- 學習要有毅力。即使當下感到有點複雜或枯燥，但你一定要跨過這個門檻。堅持下去！屆時，你一定會豁然開朗，理解頓悟。

⑵多做運動

運動可以幫助緩解你過人充沛的能量，成為你宣洩舒壓的管道。在我的諮詢經驗中，經常聽到的回應是：那些之前很少運動的「大腦多向思考者」，很後悔自己以前沒有多運動。接受了我的建議後，從善如流。現在他們運動完後，每個人都感覺到生龍活虎、欲罷不能。除此之外，運動也可以補充你所欠缺的血清素及增加多巴胺激素，能提高你睡眠舒適的品質。現在請你在工作日程表上，排出一段時間來運動。一旦你從事消耗體能的活動時，你的生活品質會變得更好。

(3)開發創造力

「大腦多向思考者」來到這世界的任務，便是「創造」。你的大腦擁有想像、發明、設計、製造生產，建設等能力。大腦將你的能力整合，因此你用雙手創造出作品或用知識創新世界或用藝術的方式，展現你的創作。如果你缺乏激勵個人的計畫時，你那如樹枝般發散的思考力，便會陷入無聊鬱悶當中。

因此，你所做的計畫記得要與日常生活的習慣切割。然後，當你從事某計畫時，一定要問自己為何要做這件事。

在理想情況下，你選擇職業的決定，應以「創意」為首要的考量。事實上，「大腦多向思考者」有很大部分的創造力是沒有充分利用的。而最令人感到難過的事，當一位「大腦多向思考者」每天只能從事低於他的能（智）力，重覆相同、缺乏自主性的工作時，整個人將會被這沉重的科層體制壓得粉碎。「大腦多向思考者」從中學時期開始，就感受到現行的教育方式是他們個人學習的一大障礙。當中有許多人無法透過學校的制度來開發他們的潛力，有效地學習。但值得慶幸的是，即使學校不愉快的經歷對「大腦多向思考者」來說，是人生一大挫折。但還是有很多「大腦多向思考者」在成年後，都能找到實現自己創意，勝任愉快的專業工作。不僅可以開發自我的潛能，也能保有獨立性。例如，工匠藝者與自由職業者都是屬於符合創意及自主性的工作類型。

因此，當「大腦多向思考者」選擇職業時，應考慮到以上的要求。在企業裡，老闆們應要有能力識別出公司同仁裡，是否有「大腦多向思考者」。建議可以給他們所需的一切，讓他們大展長才。當「大腦多向思考者」收到上司給予的任務挑戰及溫暖的鼓勵時，也不要忘了給予他自主性，他將發揮你無法想像的潛能，為公司創造一個奇蹟。（請將這段內容給你的老闆閱讀喔！）然而，若在職場中，無法發揮你的創造力時，請轉身思考你的個人生活，讓它更多彩多姿。

因為生活中，還是有很多可以發揮創意的機會，例如：烹飪、家中裝修、繪畫、雕塑、音樂、舞蹈等等。

一些「大腦多向思考者」告訴我，他們已經沒有能力再繼續作夢或發揮個人的創造空間了。他們覺得自己被困在所謂「學歷至上」的病態格局裡，毫無機會發展創意，感覺人生處於茫然真空的狀態中。然而，你們只能透過幻想才能平衡你所在的現實世界，必須重新拾回你的創造力，這是至關重要的。對「大腦多向思考者」來說，作夢不僅可以幫你逃離現實，也可以讓你忍受現實生活的不愉快。同時，夢想也是成為理想的必經道路。當你作夢時，有如手電筒一般照亮你的生活目標、探索生命的各種可能。你的心靈在作夢的片刻稍有喘息的空間，如同現實生活中人們玩彩票的道理相同，那是一個作夢的時刻、逃離現實的方式。「右腦使用者」的確需要作夢，每作一次夢，有如隔空買彩券的道理一樣，都是將夢想轉換為創意的機會時刻。

但如何才能找回到你的創造力？首先，自己一定不能自暴自棄，信心低落。隨後，靜靜地開展探索夢想的能力，直到這些想像可以落實成為具體的計畫。華特・迪士尼是最著名將夢想蛻變為理想的代表人物。現今有許多研究，紛紛對他的創作策略及成功範例感到興趣。華特・迪士尼認為「有效率的創造力」，會經歷三個過程：

(1)是一個未曾受他人或自己嚴厲檢視的夢想。
(2)最具體，也最有可能實現的計畫。
(3)出現建設性的批評。簡言之，對於該創意持有反對的聲音應於計畫的後期才提出。

而且所提出的批評指教是用來精鍊你計畫實現的可能性，而非當一位「夢想拆除大隊」。

因此，華特・迪士尼用三個人物，相對應說明以上三個階段：

夢想家：夢想家這時正擺著輕鬆的姿勢，雙眼直直盯著天花板。在創作初期時，這位創意家的身邊總是飛著一位善良的仙女，幫助他解決任何困難。由於有好心仙女的幫忙，請你不用擔心自己的學歷、金錢或計畫可行性與否，只要努力作個好夢即可。一旦夢想家持續不斷地幻想時，便是將夢境轉換為真實的好機會。

實現家：實現家的角色，有如將夢想深耕的農夫。此時，實現家雙腳踩平於地，坐姿端正，背部挺直，眼睛看向右下方。在他的身體裡，你可以感覺到夢想的存在，將夢想轉為真實生活中的經驗。別忘了，善良的仙女也一直在他的身邊幫助他剷除困難。其實，成為實現家真實的感受，就有如夢想家一樣，平靜愉快，但由於他日常的生活中，經常重覆相同的工作，所以可能會比夢想家累一些。然而此時，實現家也必須重新開始作夢，評估將夢想落實於具體經驗的可能性，調整夢想家的夢境。一旦當現實家核准該夢想計畫時，這時我們才來喚起內心的批評家，可是這位批評家從頭我們便要重新教育他。

建設性批評家：創作的最後階段，這位善良的仙女消失了。最後，你的內心會提出不同的意見。這時，批評家就位，單手托著下巴，眼睛直視左下方。但這位內心批評家的定位是很清楚的：他的批評建議應該是用來落實夢想計畫實現的可能性，而不是成為剷除夢想的角色。其實，最基本但最重要的問題：「我們如何才能將該計畫具體化呢？」此時，也是創造力最微妙的階段。建設性的批評家需將他所提出來的有效建議交予夢想家，由夢想家尋找創意的解決方案。其實，以上三個人物，說明了人們如何將夢想轉化為真實的進程。我們謝謝米老鼠！

或許此時你也注意到了，這位內心的批評家與那內心破壞者正是表兄弟關係。所以，你所需做的事，便是一開始你要好好管教內心批評家，讓他的批評更具有建設性，更能組織你的思路。一旦你確認批評家的定位後，你的創意、你的計畫還有你解決問題的能力，都會受到大家的肯定讚賞。

為了激勵你，我想分享一句馬塞爾・帕尼奧[4]（Marcel Pagnol）的話，也是我的座右銘：「每個人都知道這是不可能，但也許有一天，有一個不知道不可能的傻瓜，卻完成了不可能的事。」因此，我每天都把自己當傻瓜看待。

祝你創意，源源不絕。

4 帕尼奧是一位法國劇作家、電影導演及電影劇本家。生於一八九五年，過世於一九七四年，享年七十九歲。

⑷藝術

除了你所需的「創造力」以外，你的大腦還需要「藝術」的滋養，以比較廣泛的意義來說就是「美」。人們可能問「藝術」是用來幹嘛的？其實「藝術」的概念不僅只專屬於人類。自遠古以來，不論任何文化或地區所產出的雕像、繪畫、珠寶、化妝、音樂、舞蹈、紀念碑等，都表現出相同的藝術概念。我們如何解釋這現象呢？因為「藝術」滋養了我們的情感，也觸動了我們的感官。

來自最自然純粹的生活樂趣（請勿與「幸福」的意義相互混淆），僅需用愉悅的訊息來滋養我們的五官。僅僅看著美麗的事物，聽著動人的旋律，感受豐富的觸感，呼吸香氣或品嘗佳餚，由於這些愉悅的感受都可以把我們置於短暫極樂的狀態。大自然的世界當然可以提供這些喜悅。也如同「藝術」可以填補我們不同的感受，帶給我們強烈、令人心靈陶醉的愉悅感。建議你花點時間參觀展覽、博物館或聆聽音樂會，都會帶給你強烈的喜悅。當你纖細敏感的五官感受到簡單的喜悅時，你的身心靈將沉浸在聽覺、視覺、觸覺、味覺、嗅覺豐富的訊息裡。

美術、微型藝術、大型藝術、原始藝術、美學、設計、建築等等以上的類別，皆泛指

「藝術」。因此，藝術是沒有普遍統一認定的規則，唯一普世的價值便是「藝術」可以觸動人類的情感。因此，我們了解到「藝術」沒有國界、文化與社會的差異。更深層地來說，所有人一律平等，因為每個人都有能力感受到「藝術」觸動心靈的體驗。有些人將「藝術」棄之敝屣，認為「藝術」是種浪費時間的行為，我們應當刻意忽視這些人的存在。要知道「大腦多向思考者」本身即是一團情感豐富的情緒球。因此，藝術的存在，給予「大腦多向思考者」一個空間，讓他們一邊可以表現自己正向積極的情感，一邊接收外在所傳遞的豐富訊息。

「藝術」是自由流動的美感。除此之外，別無他用。因此，在多數的情況下，「藝術」是很難獲利營收的。試想一位音樂家辦一場音樂會所帶來的利潤，根本無法與他經年累月練習演奏的時間相提並論。更遑論，自己還要學習樂理知識及訓練藝術鑑賞力的投資。然而，藝術家將自己完全獻身於這短暫的時刻，例如一幅畫、一首曲子或一場表演等……，熱情觀眾有時花上幾個小時排隊，只為了欣賞一幅畫、聆聽幾個音符……因為這短暫的片刻即是瞬間的永恆，唯你獨有。當然，相信大家都很清楚了解到「實用」的價值，卻也忽略了「無用」的實用處。通常，欣賞「藝術」，原本就只是一個單純、短暫、無私，沒有任何其他目的行為，只是希望找到同好知音而已。當大家短暫駐足於「藝術」之前，敞開心胸欣賞時，人們會碰觸到人性中高尚偉大的部分，那麼「藝術」的目的也就達到了。

因此，「藝術」可以讓人們感受到人性中強而有力的愛。舉例來說，著名的巧克力雕塑藝術。在這現實的世界裡，區區幾克的巧克力便刻畫出藝術中精細之美。

⑸愛的荷爾蒙：催產素和血清素

本書一開始便談到「大腦多向思考者」就像是個愛心熊。在你們的生命中，需要源源不絕的愛與關懷。如果你們擁有那麼多的愛可以給予他人，請別忘了要向對方索取對等的愛與關懷。「大腦多向思考者」喜歡與相同價值觀的人互動，彼此尊重，大家共同朝向積極的善意合作。因此，當你選擇你另一半時，請你也必須堅持以上的原則。在這世界上與你相同的愛心熊，的確存在。現在，就等你找到這些愛心熊們！

如果你能隨時關注你大腦的需求，關心呵護它，注意它對你發出的訊號。如此一來，你大腦的功能將會持續優化、進步。因此，成為一位「大腦多向思考者」，將不會是一個不幸，而是一種祝福。

5 和自己好好相處，就能和其他人相處融洽

當我們了解自己並能接受自己原本樣貌，個人的自信心絕對會增加。一旦個人擁有自信心時，不僅會更加信任自己，也會獲得他人的尊重。從以前到現在，「大腦多向思考者」不斷試著改變自己，以適應他人及融入社會，但結果是令人失望的。當你閱讀本書時，你即握有開鎖密碼解讀一般大眾的想法與思考。無可否認地，「一般人」是與你不同的，他們現在是如此，未來也會是如此。當你握有解讀社會上「隱喻語言」的密碼時，你便可以逐漸地了解其中的含意。同時，也要捨棄你的完美主義。如此一來，你便可以融入社會裡。如果你沒有太大的意願融入這群體，至少你知道「一般人」做哪些行為時，會讓你感到尷尬或不舒服。

孤獨只是一種選擇

常言道：「一個人寧願自己獨處，也勝過擁有一個難纏的伴侶。」我相信亞斯伯格症

患者會非常同意這句話，並將格言發揮到淋漓盡致。亞斯伯格症患者會視其他人為洪水猛獸，害怕他們入侵到自己的生活範圍，也包括他的家人。因此，一般大眾很難理解亞斯伯格症患者，更別提和他們相處的經驗，那更是苦不堪言。

相較之下，有些「大腦多向思考者」自己無法忍受孤獨一人，寧願與「不對的人」共同生活。當「大腦多向思考者」與「不對的人」在一起時，容易受到另一半的操控，生活的夢魘因此展開。然而，「真正孤獨」與孤獨感是不同的。所謂「真正孤獨」是指一個人獨自過活，關上與外界溝通的橋梁。在別人眼中看來冷漠，同時自己也不在乎別人對他的誤解。即使這個人生活在人群當中，也有如孤島。然而我曾諮詢過的極端案例中，大部分的「大腦多向思考者」寧願忍受另一半的精神操控與傷害，也不願選擇獨自過活。他們之所以願意待在受虐環境裡，並不是一個「將錯就錯」的選擇，而是用了很差的解決方式面對問題。但「大腦多向思考者」不理解的是，精神操控者與你生活愈久，愈會降低你的自信心，讓你的自我成為真空。同時，也因為他（她）對你的冷漠態度，讓你有如生活在冰窖當中，產生無比強烈的孤獨感。反而，單獨一個人過活會帶給自己更多的溫暖。總之，一定會比住在北極冰窖好千百倍！

最好的解決方法便是：先學會獨自生活，才能找到「對」的伴侶。學會與自己相處，讓孤獨成為你的好朋友。當然，寂寞是痛苦的。因為一旦你選擇獨居，寂寞會永遠伴隨而來。但請記住：你是自己永遠的好友。終其一生，將不會感到孤獨無依，因為你已經與「自己」結合了。

有些「大腦多向思考者」會不時產生「遭遺棄被害者」的傾向。也就是說，在他們的心中隱約會存在自己會「被拋棄」的念頭。那是由於他們個人非常用心的編織人際網絡，形成了與他人密不可分的關係。因此，非常恐懼有人會無來由地離開他們。我們也觀察到了當他們建立一段關係時，一定不會讓自己有所退路，也不會讓對方與自己有任何距離。對他們而言，維持住一段關係，即使粉身碎骨也在所不惜。然而就他們的伴侶或朋友而言，幾乎是在其中窒息。

「大腦多向思考者」會不斷地要求對方「重視」並「確認」彼此間的關係。他們要求「絕對的排他性」。我相信你現在應該了解「大腦多向思考者」對「絕對」的定義了。如果你發現自己正符合以上的描述時，請不要擔心。因為此時你正在重建自信心，正在恢復正直品格。屆時，你將重新整合自己，拾回屬於個人的一致性與自主性。你也將不再害怕孤獨。因此，這「遭遺棄被害者」的角色也將隨之消失。

對於「他人批評」的心理建設

首先，我們要了解愛批評的人到處都有，無所不在。而且「一般人」會把「批評」這回事當作是幫助他人進步或改善事物的方法之一。但對「大腦多向思考者」而言，常會因為別人的批評指責而受挫。他們會認為自己所做的事一點都不符合理想中的完美。若在當下，精神操控者趁虛而入的話，他會打擊你的自信心，挑撥你與自我間的正向對話。相信在你尚未閱讀本書前，當你遭受到批評指責時，由於你纖細敏感的心思，會非常在意他人的批評，大量發散你負面的想法。因此，讓你整個人陷入低潮，隨著他們的話起舞，盡量改變自己迎合他人。

但以上所述，都是「之前的你」。從現在開始，不要再在意他人對你個人的批評。因為當一個人對你論斷時，其實他（她）正在論斷他（她）自己。讓我更清楚地說明這句話的意思，也就是說：「當我論斷他人時，其實我所批評的那件事，正是我禁止自己做的事。（可是，有些人卻這麼做了，實在是不知恥啊！）」因此，當我批評一個女孩子的穿著過於暴露時，也說明我嚴禁自己這麼做。由此可知，當一個人批評他人愈嚴厲時，正代表這個人對自己的行為愈嚴格限制。所以，你手上正握有解開「批評」密碼的鑰匙，讓我們一起了解「論斷他人者」的想法吧！

用反推的方式來說明以上的邏輯。也就是說，當我們傾聽自己對他人的批評時，便能夠理解自己不願做的行為或事物。

不要忘記自己是一位「大腦多向思考者」，「一般人」是無法理解你的行為處事。一旦對方不了解你時，就不能用全方位的思考方式與你互動，因此你又如何能期待有個真實誠懇的回應呢？因為他（她）的回答都是根據他（她）個人的價值觀與行為模式，因此他（她）對你的評斷必定是片面扭曲的。例如，有人批評你不穩定，那就是他（她）害怕改變。如果有人說你太情緒化，那是因為他（她）大腦中的杏仁核常處於鬆懈的狀態，因此不易觸動情感，我們只能說他真是個幸運兒！

最後，「一般人」所倡導的想法或價值觀，有些對你來說是值得借鏡的觀念，可以藉此改進自己。若對方批評關於你個人「行為」層面（或「外在」層面。例如，有人對你說，你穿這衣服的顏色與你的膚色不搭），而不是達到「身分」層面的批評時，若你覺得他的批評中肯，那就感謝他的指教；若你不同意時，就乾脆回他說：「那只是你的意見而已。」因為有些他人的批評是來自於社會或教育體系所灌輸的價值觀。其實當你收到他人的批評指教時，你就把它當作是別人對你的回應。再假設如果某個人明確地指出你的缺點，而這缺點也正好是「大腦多向思考者」本身具有的特色時，你心理應該很雀躍的，因為他（她）終於發現你個人的特色了。隨後，你可以笑著點頭，回他說：「你說得實在沒錯，我就是如此！」

與傷口「正面對決」

除了害怕被他人批評與害怕孤獨以外，「大腦多向思考者」還擔心會遭受到他人的排擠，其實這是一種主觀性的暴力。本書的前一部分已說明「大腦多向思考者」之所以會被人排擠的原因。事實上，人類早已被制約成「害怕孤獨」、「擔心遭受他人排擠」的心理模式。因此，當自己遭受到某個群體的拒絕後，會有孤立無助的感覺。其實「排擠他人」是一種攻擊。施暴者不僅只是嘲笑戲弄當事人而已。隨後，還會將當事人與群體隔離。我衷心地祝福「大腦多向思考者」在閱讀完本書後，愈來愈少發生「被排擠」的情況。因為我希望你已經了解到自己與「一般人」的差異，也知道如何理解「一般人」的對話，及當下個人可以做的適當調整。但要小心身邊的「精神操控者」，他們永遠會察覺到你的過人之處，適時地介入群體中或接近你，教唆整個群體與你對立，孤立你。因為你擁有的正直善良正是他們所痛恨的。因此，要注意你的四周是否有這類人的存在，避免受到他的操控或特意將你隔絕於人群。若當你遇到「排擠」的攻擊時，你所需要的是培養自己存活的能力。

那就是立即回到人群當中，與人互動。就如我們從馬兒上跌下來，一定要隨即爬回馬匹身上一樣的道理，不然你之後可能會有「騎馬恐懼症候群」。所以當別人排擠你時，請回頭看看身邊是否有一些可信賴的朋友或鄰居，可以跟他們聊聊天或一起出門逛街，甚至也可以跟路人閒聊一會兒。若你無法立即與他人建立網絡的話，個人一定要獨立積極振作。想想看如何讓生活日常中的瑣事變得有趣或突然來個居家大掃除，完成你一直想處理掉的事物。讓「排擠」變為自我滿意、成就感的來源。你現在可以大聲說：「真感謝那個可惡的蘇珊，讓我有時間能好好清理我的廚房！」

通常來說，為了避免與人群疏離，我們需要建立不同層次的人際網絡，友誼關係由緊密到疏遠：知心好友，朋友與泛泛之交。首先要理解的是由於人際關係的層次不同，對方會提供相對程度的協助，也有所不同。「大腦多向思考者」對人際關係的要求是建立深厚緊密的情感。儘管我理解該點，但我也建議請嘗試接受「點頭之交」吧！不要悶著頭一味地要求對方要與你維持深厚的情誼，或一直在世界中尋找與你生死患難的人。將深厚的情感放在離你最親近的人際關係圈中，依據友誼的深度，畫出你的界線。

當有人排擠你或霸凌你時，不要選擇一味地逃避，要正視面對這個恐懼。舉起勇氣，直視施暴者，或用幽默自嘲的方式幫助自己。可以想說：「好了，我想他們認為我是個普通平凡的人，但我認為做個微笑友善的平凡人，總比做個龜毛的人好得多了！」

活在群體社會中，我們要適時尋求外在的協助。尋求協助的層面包括找到合適的協助，以及誰真的可以提供協助等。因此，有些朋友可以聽你說話，幫你排憂解悶；有些朋友可能帶你出去透透氣，轉換心情、想法。然而，在你尋找專業諮詢的求助前，請先確認這位諮詢師是否能理解你個人的情況。因為有許多心理諮商師不了解「大腦多向思考者」的狀況而進行諮商，他們不但不能幫助你成長，而是把你歸類為某種病態的患者，推你往更偏激的想法裡去。

對了，你知道聰明與傻瓜的區別嗎？聰明的人知道選擇對的人、對的時間開口說話。

因此，當你與人溝通時，若遇到有人誤解你時，請不要刻意地強求對方理解你的想法。退一步，海闊天空。試著改變你們談話的主題吧！

比起被愛，受到尊重更重要

「大腦多向思考者」還有另一項困擾，就是他需要「被愛」的需求大於「被尊重」的需求。然而將「被愛」的需求，這念頭擺在重點首位時，其實是毫無意義的。因為我們無法愛一個我們不尊重的人。首先，我們必須獲得他人尊重，才有可能「被愛」。總之，無論人們是否喜歡你，但至少都要尊重你。因此，現在需要的是一個保鏢看守在你心靈VIP貴賓室的門口，對你所有來訪的朋友進行分類，並將精神操控者拒於千里之外。記得「假我」已經不存在VIP貴賓室裡了，請用真實俏皮的你，張開手臂歡迎那些你值得的親朋好友。因為，當成年後，我們就不再需要所有人的認同，來肯定自己的價值。

若你對個人的心理建設、肯定自我、培養不再依賴他人的能力等等資訊有興趣的話，可以參考我的另一本著作《自信！敢說不！》[5]。

5 由及凡司（Jouvence）出版社出版。

要遇到對的另一半才會開花的人生

經由我多年的諮詢經驗，經常會遇到「大腦多向思考者」與精神操控者二者結合的情侶或夫婦。可想而知，你覺得會是誰來尋求協助呢？當然是「大腦多向思考者」，因為他（她）認為自己完全瘋了。有時我會想說：如果「大腦多向思考者」沒有發揮像海綿一樣的能力，吸收掉精神操控者所有的仇恨，或平衡他傷人的力量時，我想這位「大腦多向思考者」早已被他（她）吸血鬼伴侶吞噬了。

然而，一旦「大腦多向思考者」離開加害者之後，即刻他們的大腦很清楚地了解到這些精神操控者的捕食機制，他們不會再重新掉入被人操控的關係中。我真的看到那些被釋放的「大腦多向思考者」如何重新拾回他們對生活的熱情，大腦不斷地綻放出智慧的火花，生命力旺盛。通常來說，如果「大腦多向思考者」遇到了另外一位「大腦多向思考者」時，而且兩者對於「超智力」的觀念也都是持開放態度的話，他們將很有機會獲得幸福的婚姻。通常我所看到的是一對充滿自信活力、幽默善良的賢伉儷；兩個都是非常敏感的愛心態，永遠有談不完的話題，共同交流激辯，一起攜手悠遊山林之中。

當然，我比較少遇到的「大腦多向思考者」（右腦思考者）與「左腦思考者」相互契合的夫妻。但這樣的組合通常是一個穩定的關係。雖然這位「左腦思考者」也許不完全了解他（她）「大腦多向思考者」的伴侶，但他（她）宿命地接受另一半的高度情緒化。

不可否認的，「大腦多向思考者」當然會覺得他（她）的另一半「左腦思考者」相對地呆板無趣，但他們欣賞對方的冷靜與穩定。當「左腦思考者」對「大腦多向思考者」的伴侶說：「你想的問題實在太多了」或「你太掛心於每件事了」這類話時，會幫助「大腦多向思考者」劃定他大腦發想的限度。若從理智的角度來看，以上的回答當然會使得「大腦多向思考者」的生活陷入索然無味當中。但就精力耗費的角度來看，如果「左腦思考者」的伴侶，一直隨著「大腦多向思考者」天馬行空思考的話，我想他（她）的伴侶也會累到筋疲力盡吧！因此，「大腦多向思考者」需要在他（她）的工作或業餘愛好中找到智力挑戰或釋放精力的事物。如此一來，這對夫妻才能找到他們平衡生活的方式。

「大腦多向思考者」一旦發現有趣的事物時，會迫不及待想要與「左腦思考者」的伴侶相互討論，分享他（她）知道的一切。但一般來說，左腦思考型的配偶並非能夠完全理解「大腦多向思考者」的說法。試想這個邏輯：我們如何能把水管放進漏斗裡呢？這也就是為什麼兩者之間會產生隔閡，產生令人沮喪的情形。但也是從這一刻起，「大腦多向思考者」知道了在他（她）的婚姻裡，有些事物是無法分享的，得要放棄「共享」這個想法，然後重新找尋與左腦思考者伴侶在一起的快樂。

關於伴侶的問題，還有另一種說法。就是男人喜歡娶比他們不聰明的女人。沒錯，這是一個可怕的性別歧視。一個客觀的統計數字，可以說明該情況：男人總是娶比他智商低的女人；即使這男人的智商很高的話，也是做相同的選擇。所以你想想，「智商測試」實在也不是一個標識「有智慧」的能力測試！

我想最後長輩的建議是對的：「女孩子要裝傻一點，才能嫁得出去。」所言不假。因為聰明美麗的女性到後來，只能獨守空閨。此外，客觀統計數字的結果，也是令人失望的：愈來愈多高學歷的女性，很難找得到她們的理想對象。

但冰雪聰明的女士們，請不要絕望。根據我諮詢的案例，我觀察到這樣的女子會非常吸引右腦思考者，因為她不會想要操縱控制這男人。假若這女子是在很警覺理智的狀態下選擇了「大腦多向思考者」，那麼她將會獲得幸福的婚姻。因此，根據以上的結論意味著冰雪聰明女子需要改變她擇偶的標準，不要再奢望那些沙文主義的男子。對「大腦多向思考者」的男子擇偶的道理也是相同的：請改變你的選擇，那些溫柔婉約，過於女性化的女子，是自以為的幻覺，其實一點都不適合你。

那麼，「大腦多向思考者們」要如何能夠相互認識，進而攜手終生呢？首先，要先說明「大腦多向思考者」女性的個性通常是傾向於男性化（我指的是她們的心理！）而「大腦多向思考者」的男性則比較陰柔。不可否認的「大腦多向思考者」都高度開發了他們陽剛與陰柔的能量。可以說「大腦多向思考者」的男性是陰，女性是陽。因此，我建議「大腦多向思考者」的男子不須過度表現陽剛的氣息，而女子也不用過於女性化。當兩位「大腦多向思考者」男女在一起時，剛好陰陽互補，相互平衡。

但還需說明的是我諮詢的個案當中，有很多「大腦多向思考者」是同性戀者或雙性戀者。

總之，若兩位都是「大腦多向思考者」的話，這對夫婦是幸福的，可以相互了解對方，各自平靜地過著超智力的生活。因為他們兩人接受彼此發散的思考模式，填補了對方真空的自我，恢復個人的自信心。如果你的另一半尚未了解「你是誰」的話，請你閱讀完本書後，快給他（她）看！

【結語】你已經很厲害了！

為什麼？

打從一開始閱讀本書時，我知道你一直想問這個問題：「為什麼我會是個右腦思考者？」當然，我也理解你迫不及待的心情，想知道答案。如果我回答說：「因為就是這樣啊！」或說：「其實我們也都不知道為什麼你會是這樣。」相信你一定非常不滿意我的答案。至今為止的研究當中，許多人都提出了很多的假設成因，我試著列出一些說明，回答你的問題。這是因為我也了解到「大腦多向思考者」是擁有開放的心態的人，可以面對許多不盡相同的論點。

這世界上，本來就存在著各式各樣的人，例如作為一個藝術家，由於每個人精神狀態的不同，他可能是一個有創意的藝術家，或是個有豐沛情感的藝術家，或是個飽受情緒折磨的藝術家等等。我們翻開歷史來看，從古至今，在各個領域中，都不乏出現偉人與天才。顯然地，「大腦多向思考者」首推的代表人物，即是藝術家達文西。因此，我們開始思考，也許藝術家米開朗基羅、科學家牛頓與愛因斯坦，及患有亞斯伯格症的音樂家莫扎特可能都是「大腦多向思考者」。在我看來，法國國王路易十六也可能是位「大腦多向思考者」，因為他對鑰匙痴迷的程度，幾乎幾近於亞斯伯格症的人對「某件事物」特別著迷的程度。

那我真的擁有超智力嗎？對的，沒錯。但現今我們所使用的智商測試並不適用於發散思考的右腦使用者。因此，我們得建立專門針對右腦思考者所設計的智商檢測方法。但回過頭來說，這測試的目的又為了要證明什麼呢？

那請問成為一位「大腦多向思考者」是遺傳的問題嗎？可能吧。近年來，對於研究右腦思考者的基因遺傳理論，有許多新進發現的論點。說明「大腦多向思考者」是百分之百由於組成基因的排列而產生的結果。所以，也發現「大腦多向思考者們」經常出現在擁有共同祖先的同一宗族裡，具有血源關係。我們也可以說「大腦多向思考者們」在幾百年前，大家都是兄弟姐妹。然而，用基因血緣說法並不能解釋所有的案例。因為也有「大腦多向思考者」是在家庭成員中唯一的那隻天鵝！而且，我們還想問又是什麼樣的基因會讓我們專用右腦來思考呢？因此就我個人而言，遺傳基因的論述總讓我存疑。就如雞生蛋，蛋生雞的道理一樣。但成為「大腦多向思考者」到底是先天還是後天的造成的呢？

是由於後天形成的「韌性」造就了「大腦多向思考者」嗎？當人處於危險、不安全或受虐的情況下，會迫使我們一直處於高度警覺的狀態中，讓我們有機會勇於創新。當然，我們也發現在受虐兒童的案例中，不乏有「大腦多向思考者」的存在。那麼或許我們可以稱這些右腦思考的受虐兒童是具有韌性、意志力的人。可是，我們也有遇到的案例是，「大腦多向思考孩童」的父母都是一般左腦思考型的人，並沒有故意暴力虐待自己孩子的行為，他們只是竭力遏制這位右腦小神童的思考模式，試圖將他調整為「一般人」。但由於左腦思考者的父母未察覺到孩子的超敏感性，因此這對父母會對「大腦多向思考孩童」產生許多批評與指責，對孩童形成一種心靈的暴力，也算是「受虐」的情況。但如果順著以上的說法，我們可以說由於孩童受到虐待，因而成為「大腦多向思考者」。但是，如果以上的推論是合理的話，我們也發現到所有的受虐兒童並非都是「大腦多向思考者」。因為我也有曾經諮詢過的「大腦多向思考者」，他是來自溫馨和樂的家庭。因此，這「後天韌性說」並不成立。因此，我提出一個比較中庸的說法：關於大腦多向思考的兒童，他們的確是個沒有安全感的孩子，但他們確實比他們的父母頭腦更清晰、更明理、更成熟。

由於大腦多向思考的兒童本能地察覺到自己的智力勝過父母，同時他們的父母也無法理解孩子的思考邏輯，因此，這些孩子被迫地發展出堅韌毅力的個性。

那難道都是父母的錯嗎？為何不是呢？因為如藝術家達文西，他的父親是有問題的。因此我們先不去責怪父母雙方，而先討論父親這一方的話：

首先必須說明，孩子與父母是處於一種三角關係的狀態。而父親的功能是將孩童與母親分離，促使孩童脫離母親的依賴，強迫他（她）面對外在的世界。一旦父親的角色無法發揮他的功能時，此時孩童所表現出來的思考行為會與「大腦多向思考者」雷同。因此，以下將說明父親的角色，其所賦予的使命：

保護的使命：提供家庭實質的保護。自古以來，人們都認知到保護功能是身為一位父親該執行的使命。由於該功能的存在，可以減少當事人內在的焦慮。但鮮少人重視到保護功能的重要性，因為孩子一旦失去了安全感，會導致他（她）的焦慮感升高。

教育的使命：父親的處事行為成為孩子的典範指標。而這些指標可以轉換成社會上的法律規則、規範界限或禁忌等，引導孩童從嬰孩轉換為成人。然而「大腦多向思考者」常對「權力」或法律規範等限制，常感到無所適從，不合邏輯（從他們的觀點來看），尤其是對社會上的「暗喻」行為或話語，也常感到不解。

啟發的使命：父親會教導「剝奪」與「匱乏」的概念。因此，孩童會學習忍受挫折，放棄當下的滿足。這解釋是否可以說明「大腦多向思考者」看來不成熟及多愁善感的緣故呢？

分離的使命：父親的功能是迫使孩子與母親分離。由於孩子無法重新再回到母體的子宮內享有安全感，因此孩童只好轉身面對外在的世界。那是不是因為父親的角色沒有扮演完全，而造成孩童常處於情緒亢奮的狀態，無法與母體分離的情結？

親子關係：孩子繼承父親的姓，也代表了承襲父親一脈相傳的血緣關係，給予孩子身分的合法性。因此，我們看到有些父不詳的孩子，由於他們無法擁有明確的身分，因此遭受到心理的痛苦。那麼之前我們曾提及「大腦多向思考者」真空的自我，是不是又與身分證上空白的父親欄位有關呢？

其實，我們不只有父親缺席這個問題而已。假如父親實體是存在的，無論他對孩子的付出有多少，他也可能沒盡到做為一個父親的責任。因此，在孩子未加入這三角關係之前，做為一個父親首先要體認到以下的事實：

- 做為父親，一定要是個成熟的男人，但不要認為自己無所不能。
- 身為父親須理解傳宗接代的道理，就是接受自己已是過去式的事實，而現在由孩子傳承接棒。
- 父親要承認母親的角色是無法替代的，他永遠不能取代母親。人們對於完美的無盡追求是來自於母體與嬰孩的幻想。然而，父親迫使母親與孩子分離，要求孩子面對現實世界。由於人[6]（當然也包括男士在內）本來就是不完美的（所以人們[7]請不要有過高的要求了！）。因此大腦多向思考的兒童，他們切割與現實世界的連結，依舊沉浸在自己追求完美的無限幻想當中。

以上的解釋可以說明大腦多向思考者，為何在孩童時期沒有足夠的能力區別殘酷的現實世界與虛幻的理想世界。而這認知的缺乏是由於他少了一個可以幫助他理解現實世界、提供安全保護，衣食無缺的父親嗎？西方教育教導個人要回應、滿足社會的要求。因此客觀地來說，左腦思考者是比右腦思考者具有可塑性與生產價值。反過來說，右腦思考者擁有豐富的想像力與離經叛道的精神，是左腦思考者無法比擬的。

用有趣一點的方式來說明人類的大腦功能，拿人類的遠親猿猴來比擬。黑猩猩（chimpanzé）所形成的社會是一個高度規範，嚴格紀律的組織，甚至還可以用殘酷二字形容。或許我們可以將這樣的社會型態比喻為我們人類左腦思考者所構成的社會組織。

相較之下，倭黑猩猩（bonobo）則是一個高度合作具有強烈情感的群體。牠們強調

6 法文「homme」，可翻譯為人類或男人。因此，作者這裡說的是人類。
7 由於前文提及父親的角色，因此在這裡讀者可以自己解讀為人類或男人都可以。作者一語雙關的用法。

的是「愛與和平」，正如右腦思考者所呈現的樣貌。

所以，何必要問自己為什麼生來如此呢？因為啊，無論你是什麼的樣貌，你就是你自己。你的完美無暇與獨一無二，都展現在不完美當中。令人驚奇、創意不絕的大腦，點燃你的生命，發光發熱，讓你永遠身在充滿愛的夢幻泡泡裡，多彩多姿。

人生，不是很美麗並帶來驚喜嗎？

參考書目

Adda Arielle, Le livre de l'enfant doué, Éditions Solar, 1999.

Adda Arielle & Catroux Hélène, Lenfant doué, lintelligence réconciliée, Éditions Odile Jacob, 2003.

André Christophe, Imparfaits, libres et heureux, Éditions Odile Jacob,2006.

Attwood Tony, Le syndrome d'Asperger, Éditions de Boeck, 2009.

Bolte Taylor Jill, Voyage au-delà de mon cerveau, Éditions JC Lattes, 2008.

Buzan Tony & Barry, Mind map, dessine moi lintelligence, Eyrolles Éditions d'organisation, 1993.

Caroll Lee & Tober Jan, Les enfants indigos 10 ans après, Éditions Exergue, 2009.

Cyrulnik Boris, Un merveilleux malheur, Éditions Odile Jacob, 1999.

Cyrulnik Boris, Les vilains petits canards, Éditions Odile Jacob, 2001.

Foussier Valérie, Enfants précoces, enfants hors norme ? Éditions J. Lyon, 2008.

Giordan André & Saltet Jérôme, Apprendre à apprendre, Éditions Librio 831, 2009.

Hehenkamp Carolina, Le mystère des enfants indigo, Éditions Exergue, 2003.

Hehenkamp Carolina, Vivre avec un enfant indigo, Éditions Exergue, 2004.
Israel Lucien, Cerveau droit cerveau gauche, Éditions Plon, 1995.
Mac Mahon Susanna, Le psy de poche, Éditions Marabout 1995.
Miller Alice, Le drame de l'enfant doué, Éditions PUF, 2008.
Millêtre Béatrice, Petit guide à l'usage des gens intelligents qui ne se trouvent pas très doués, Payot, 2007.
Neveu Marie Françoise, Les enfants actuels, Éditions Exergue, 2006.
Neveu Marie Françoise, Enfants autistes, hyperactifs, dyslexiques, dys…Et s'il s'agissait d'autre chose ? Éditions Exergues 2010.
Page Martin, Comment je suis devenu stupide, Éditions le dilettante, 2000.
Siaud Facchin Jeanne, L'enfant surdoué, Éditions Odile Jacob, 2002.
Siaud Facchin Jeanne, Trop intelligent pour être heureux, Éditions Odile Jacob, 2002.
Tammet Daniel, Je suis né un jour bleu, Edition des Arènes, 2007.
Tammet Daniel, Embrasser le ciel immense, Edition des Arènes, 2009.
Tort Michel, QI Le quotient intellectuel, Cahiers libres 266-267, Éditions François Maspero 1974.

國家圖書館出版品預行編目 (CIP) 資料

想太多也沒關係：如何紓解紛亂的思緒？不再對人生感到厭倦 / 克莉司德 . 布提可南 (Christel Petitcollin) 著；楊蟄翻譯 . -- 初版 . -- 新北市：大樹林，2017.03
面； 公分 . -- (心裡話；1)
ISBN 978-986-6005-62-6(平裝)
1. 自我實現 2. 人際關係 3. 思考
177.2 106001973

心裡話 01

想太多也沒關係

如何紓解紛亂的思緒？不再對人生感到厭倦

作　者／克莉司德 ・ 布提可南（Christel PETITCOLLIN）著
內文插畫／湯翔麟
翻　譯／楊蟄
編　輯／黃懿慧
校　對／邱月亭、李麗雯
排　版／ April
封面設計／葉馥儀
出版者／大樹林出版社
地　址／新北市中和區中正路872號6樓之2
電　話／ (02) 2222-7270
傳　真／ (02) 2222-1270
網　站／ www.guidebook.com.tw
E- mail / notime.chung@msa.hinet.net
Facebook / www.facebook.com/bigtreebook
總經銷／知遠文化事業有限公司
地　址／新北市深坑區北深路 3 段 155 巷 25 號 5 樓
電　話／ (02)2664-8800　・傳　真／ (02)2664-8801
本次印刷／ 2018 年 9 月

定價／ 290 元　ISBN / 978-986-6005-62-6